평신도 교육교재

교회사

평신도 교육교재

교회사

초판 발행 · 1980년 6월 20일
재판 인쇄 · 1999년 4월 10일
개정판 2쇄 · 2023년 8월 4일

발행 · 대한예수교장로회총회
편집 · 대한예수교장로회총회 교육부
제작 · 대한예수교장로회총회 출판부

주소 · 06177 서울 강남구 영동대로 330
전화 · (02)559-5633(교육국) (02)559-5655(출판국)
팩스 · (02)539-0203(교육국) (02)6940-9384(출판국)
인터넷서점 · www.holyonebook.com
출판등록 · 제1977-000003호

※ 책값은 뒤표지에 있습니다.

평신도 교육교재

교회사

성경통신대학 입학 안내

총회에서 운영하는 평신도 교육프로그램입니다.

특　　전 : ① 장로고시 응시자격 부여
　　　　　　② 장로고시 때 성경시험 면제(수료증서 노회에 제출)
과　　목 : ① 성경열람문제집(구약부, 신약부) ② 일반과목문제집
　　　　　　③ 헌법 ④ 표준예식서 ⑤ 성경개론 ⑥ 기초교리학
　　　　　　⑦ 교회사 ⑧ 교회행정학 ⑨ 예배학 ⑩ 청지기론
입학자격 : 본 교단 모든 성도
입학시기 : 수시 가능
입학방법 : ① 입학원서와 등본1부를 총회성경통신대학으로 보내주세요.
　　　　　　② 등록비 및 교재비(55,000원)를 계좌로 보내주세요.
　　　　　　　국민은행 350-01-0025-319(대한예수교장로회총회)
문　　의 : 상세한 내용은 성경통신대학으로 문의하시기 바랍니다.
　　　　　　(성경통신대학 담당자 ☎ 559-5633)

평신도 교육교재 사용 안내

　본 교재는 성경뿐 아니라 다양한 기독교 학문을 깊이 있게 다루어 신앙의 기초를 든든히 세워주는 평신도 교육교재입니다. 교회의 성경대학 프로그램이나 제자훈련 교재, 소모임 교육교재, 셀리더 교재 등 다양하게 활용할 수 있습니다.
　또한, 장로, 집사, 권사, 교사 등 교회 직분자뿐만 아니라 성경공부를 하고 싶은 모든 성도들에게 적극 추천합니다.

머리말

"모든 성경은 하나님의 감동으로 된 것으로 교훈과 책망과 바르게 함과 의로 교육하기에 유익하니 이는 하나님의 사람으로 온전하게 하며 모든 선한 일을 행할 능력을 갖추게 하려 함이라"(딤후 3:16~17)

금번 발행하는 "평신도를 위한 성경공부교재"는 오래 전부터 현재까지 총회 성경통신대학에서 교재로 사용되고 있는 도서를 일반 성도들에게도 쉽게 보급하고자 출간하게 되었습니다. 성경교육의 역사가 곧 기독교의 역사라고 해도 될 만큼 말씀을 가르치고 배우는 평신도교육이 중요한 것이 사실입니다. 이러한 평신도 교육의 중요성을 알고 총회 차원에서 8개 과목(성경개론, 기초교리학, 교회사, 교회행정학, 예배학, 청지기론, 표준예식서, 헌법)으로 성경통신대학을 개설하여 장로 및 교회 직분자와 주일학교 교사 교육에 귀한 도구로 쓰임 받아 왔습니다. 이러한 때에 성경본문을 개역한글판에서 개역개정판으로 수정하고 오탈자를 바로잡아 평신도 교육교재로 새롭게 출간하게 되었습니다.

성경공부를 하고 싶은 성도라면 누구나 스스로 공부할 수 있는 기회를 만들어주는 것이 본 교재의 취지이며 그동안 성경통신대학 입학자들이 사용하는 교재를 평신도 교육교재로 확대 개편하여 출간하게 됨을 진심으로 기쁘게 생각합니다. 총회교육부가 운영하는 성경통신대학에 입학하여 성경통신대학 과정을 밟으셔도 좋고, 입학하지 않고 개인이나 소모임에서 교재를 별도 구입하여 스스로 공부를 하셔도 좋은 귀한 평신도 교육교재가 되리라 믿습니다. 이 교재를 사용하시는 모든 분이 하나님의 말씀과 교리를 체계 있게 공부함으로 개혁주의 신학과 신앙에 기초한 구원의 확신을 가지고, 은혜와 진리가 충만하여 이웃과 교회를 든든히 세우는 일에 더욱 크게 쓰임 받으시기를 간절히 바랍니다.

대한예수교장로회 교육부장

차례

제1장 　 기독교회의 신앙과 역사의 총괄 ___ 8

제2장 　 초대 기독교회의 신앙과 역사 ___ 15
　　　　1. 초대 기독교회의 역사적 배경과 상황 • 15
　　　　2. 예수 그리스도의 성육신과 기독교회의 복음 • 19
　　　　3. 사도(使徒)들의 신앙과 행적 • 23
　　　　4. 사도 바울의 신앙과 역사 • 26
　　　　5. 초대 기독교회의 예배와 생활 • 32

제3장 　 사도 후 기독교회의 신앙과 역사 ___ 35
　　　　1. 순교자 폴리갑의 전통적 신앙과 역사 • 36
　　　　2. 이레니우스의 신앙과 기독교회 • 40
　　　　3. 사도 후 기독교회의 이단과 분파의 역사 • 43
　　　　4. 사도 후 기독교회의 예배와 생활 • 52
　　　　5. 니케아 회의와 기독교회의 신앙 • 55
　　　　6. 성 어거스틴의 신앙과 신학 • 67

제4장 　 중세 기독교회의 신앙과 역사 ___ 78
　　　　1. 교황 그레고리 1세와 로마 가톨릭 • 79
　　　　2. 무함마드의 출현과 이슬람교 발생 • 83

3. 동방 기독교회와 서방 기독교회의 분리(分離) • 88
4. 십자군 운동의 발흥과 역사 • 92
5. 중세 기독교회의 신비주의 사상 • 98
6. 토마스 아퀴나스와 스콜라주의 • 109
7. 중세 기독교회의 예배와 생활 • 116

제5장 개혁 기독교회의 신앙과 역사 ___ 120

1. 개혁 전 개혁자들의 신앙과 여명(黎明) • 122
2. 마틴 루터 독일 개혁 기독교회 • 134
3. 울리히 츠빙글리와 스위스 개혁운동 • 142
4. 존 칼빈과 제네바 개혁신앙 • 145
5. 존 녹스와 스코틀랜드의 개혁운동 • 152

제6장 근세 기독교회의 신앙과 역사 ___ 156

1. 근세 기독교회의 신앙고백주의와 역사 • 157
2. 영국 청교도의 신앙과 역사 • 162
3. 근세 기독교회의 이성주의의 발흥과 영향 • 167
4. 근세 기독교회의 이단종파들과 역사 • 177

제1장
기독교회의 신앙과 역사의 총괄

　기독교회의 신앙과 역사는 영원 전의 삼위일체(三位一體) 하나님으로부터 시작된다. 그리고 시간(Time)과 공간(Space)의 역사에 있어서는 주전(B.C.) 4년 예수 그리스도의 성육신(成肉身)을 중심해서 역사의 전환점, 생명의 출발 그리고 예배의 중심을 이룩한 것이다.
　그러므로 우리는 기독교회의 신앙과 역사를 예수 그리스도에게서 그 기원을 가지며, 기독교회의 신앙과 역사의 흐름 가운데서는 예수 그리스도의 이전 역사와 이후 역사로 구분해서 생각할 수 있다. 이것을 좀 더 구체적으로 언급한다면 다음과 같다.
　삼위일체(三位一體) 하나님께서는 영광스럽고, 의롭고, 거룩하며, 사랑이 충만한 창세 이전의 세계에서 자존(自存)하셨고, 그는 창세기 1장 1절의 말씀과 같이 '태초에 천지를 창조'하신 분이다. 그리고 아담과 하와를 창조하셨고, 그들은 여호와 하나님을 믿는 기독교회의 신앙과 역사를 이룩하였다. 그러나 그들의 후손 가운데서 가인

(Cain)은 신앙적 타락으로 인하여 기독교회의 신앙과 역사를 혼동케 하였다. 반면에 하나님께서는 순교자 아벨(Abel)을 통하여 기독교회의 신앙과 역사를 계승케 하신 것이다. 그 후 이 신앙과 역사는 노아(Noah)를 통해서 더욱 전승하였다. 뿐만 아니라 주전 2069년에 아브라함(Abraham)을 택하사 하나님의 택한 백성을 이룩하셨고, 그들은 전통적인 기독교회의 신앙과 역사를 계승하였고, 믿었으며 또한 전파했던 것이다.

아브라함의 14대손 다윗(David)은 그의 선조들의 신앙과 역사를 이어받았고, 그 후손으로 하나님께서는 이 땅 위에 예수 그리스도를 보내셨다. 예수는 기독교회의 신앙과 역사의 자체(自體)였고 본질이었다. 그리고 예수 그리스도의 열두 제자들과 사도들은 초대 기독교회의 아름다운 100년사를 이룩하였으며, 그중에 사도 바울(Paul)은 기독교회의 복음 사역에 가장 오랜 세월을 보냈다. 또한 사도 요한(St. John)은 '태초부터 있는 생명의 말씀에 관하여는 친히 듣고 눈으로 본 바요, 주목하고 손으로 만진 자'였다. 이것은 사도 요한의 신앙과 역사가 예수 그리스도의 자체적 신앙과 역사라는 것을 의미한다.

사도 요한은 그의 신앙과 사상을 그의 수제자요 순교자인 폴리갑(Polycarp, A.D. 69~155)에게 전해 주었다. 그는 전통적인 성경의 교훈을 그대로 받았고, 순교를 당하면서까지 기독교회의 신앙과 역사를 지켰다. 또한 폴리갑은 그의 제자 이레니우스(Irenaeus A.D. 115~200)에게 그의 신앙과 사상을 전해주었다.

이레네우스에게 전해진 기독교회의 신앙과 역사는 좀 더 조직적이고 행정적으로 전해졌다. 이것은 기독교회의 복음이 문화권의 영역에서 현실성을 가졌다는 의미이다. 그리고 그의 신앙과 행정은 성 어거스틴(St. Augustine, A.D. 354~430)에게 계승되었다. 그는 바울 신학을 확립한 기독교회의 유일한 사람이며, 기독교회의 개혁주의 신앙과 역사를 최초로 기안한 자라고 할 수 있다. 그리고 그는 고대 기독교회의 신앙과 역사를 추종하였고 더 나아가서는 예수 그리스도에게까지 신앙과 역사의 근원을 가졌다.

성 어거스틴의 신앙과 사상을 실현한 시대가 중세 기독교회이다. 그러나 로마 가톨릭에 의해서 기독교회의 신앙과 역사는 좌회전되었고, 어떤 외적인 실현은 이룩하였을지라도 역사적 기독교회의 신앙과 역사는 감추어진 보화가 되었다. 이것은 성 어거스틴의 신앙과 사상이 중세 기독교회의 내면에 강하게 흐르고 있음을 의미한다. 그리고 중세 기독교회의 신앙과 역사는 개혁 전 기독교회의 개혁자들에게서 성취되었고 발전되었다. 그들은 영국의 개혁의 샛별인 존 위클리프(John Wyclif), 보헤미아의 얀 후스(John Huss) 그리고 이탈리아의 개혁의 예언자 지로라모 사보나롤라(Girolamo Savonarola) 등이다.

또한 기독교회의 신앙과 역사는 기독교회의 개혁자들에 의해서 전성기를 가졌다고 생각된다. 왜냐하면 지금까지 기독교회가 내려오면서 신앙적으로 오염되었거나 신학적으로 자유주의화 또는 인본주의화된 것을 개혁하여 본래의 기독교회의 신앙과 역사의 원천으로 돌아가서 기독교회의 복음의 토양을 일구었기 때문이다. 그중에 독일 기독교회의 개혁자 마틴 루터(Martin Luther), 스위스 기독교회의 개혁자 츠빙글리(Ulrich Zwingli), 제네바 기독교회의 개혁자 중의 개혁자 존 칼빈(John Calvin), 그 밖에 스코틀랜드 기독교회의 개혁자 존 녹스(John Knox) 등이다.

특별히 존 칼빈에 의해서 기독교회의 신앙과 역사는 역사적 예수 그리스도의 신앙과 역사로 되돌아가게 되었다. 1535년 그의 나이 26세 때에 사도신경을 기초로 하여 쓴 『기독교 강요』(Instiutes of the Christian Religion)는 기독교회의 개혁주의 신학이 되었다. 그리고 칼빈은 기독교회의 장로교회를 조직하였다.

17세기에 접어들어서 기독교회의 신앙과 역사는 기독교회의 신앙고백주의(信仰告白主義)로 나타났다. 스위스의 67개 신조(1551), 독일의 하이델베르크 요리문답(1563), 그리고 영국의 웨스트민스터 신앙고백(1646) 등이다.

반면에 근세 기독교회에서는 이성주의의 발흥으로 영국에서는 이신론(Deism), 프랑스에서는 유물주의(Materialism) 그리고 독일에서는 합리주의(Rationalism) 등이 발생하였다. 그들은 역사적 기독교회의 계시와 신앙보다는 인간의 이성 위에 기독교회의 신앙과 역사를 이룩하려고 했다. 여기에서 기독교회의 신앙과 역사는 돌연변이를 낳게 되었다.

그러나 기독교회의 개혁자들에게 나타났던 성경의 권위, 이신칭의 그리고 만인 제사장 직분의 신앙과 생활이 신앙고백주의로 강하게 나타났으며, 그들의 신앙과 역사는 청교도(Puritan)들에게 더욱 전승되었다. 그들은 하나님의 절대주권을 믿었고, 성경의 완전 영감설을 지지했으며, 하나님의 예정교리를 고수했고, 하나님의 택한 백성의 구원은 인간의 행위로 말미암지 않고 하나님의 은혜로 말미암아 예수 그리스도를 통해서 주어진다고 보았다. 그리고 하나님의 나라는 예수 그리스도의 재림으로 완성됨을 믿는 신앙이었다.

영국의 청교도들에 의해서 기독교회의 신앙과 역사는 대서양을 건너 미국에 새로운 교회의 토양(土壤)을 일구었다. 그들에 의해서 형성된 초기 미국 기독교회는 신앙과 생활의 일원화였고, 경건주의 그리고 철저한 성경적 개혁주의였다.

19세기에 접어들면서 기독교회의 신앙과 역사는 자유주의 영향 때문에 흔들리기 시작하였다. 즉 역사적인 기독교회의 복음이 하나의 돌풍을 만나게 된 것이다. 그러나 칼빈주의 3대 신학자인 워필드(B. B. Warfield, 1851~1921), 카이퍼(A. Kuyper, 1837~1920) 그리고 바빙크(H. Bavink, 1895~1964) 등에 의해서 전 유럽과 구미에 역사적 기독교회의 신앙은 전승되었고 변호되었다. 뿐만 아니라 찰스 핫지(Charles Hodge, 1797~1878), 에이 에이 핫지(A. A. Hodge, 1823~1866) 그리고 메이첸(Gresham J. Machen, 1881~1939) 등에 의해서 전통적인 기독교회의 신앙과 역사는 불변하게 계승되었다.

오늘에 와서 바르트(Karl Barth, 1886~1968), 불트만(Rudolf Bultmann, 1884~1976) 그리고 틸리히(Paul Tillich, 1886~1965) 등에 의해서 기독교회의 신앙과 역사가 변질되고 좌경화되었는데, 그들은 자유주의, 비신화화(非神話化) 그리고 사신신학(死神神學) 등을 이룩한 장본인들이다. 여기에 대해서 기독교회의 신앙을 대변하고 변증한 사람이 있다. 그들은 반틸(Van Til, 1895), 보스(Geerhardus Vos, 1802~1949), 스톤하우스(Ned B. Stonehouse, 1902~1965), 머리(John Murry, 1898~1975), 그밖에 벌코프(Louis Berkhof), 팩커(J. I. Packer), 로이드 존스(Martin Lotd-Jones) 등이다. 또한 우리나라에서는 박형룡 박사, 박윤선 박사 그리고 그의 제자들이 역사적 기독교회의 복음을 전파하고 변증하고 있으며 계승을 하고 있다.

현대 기독교회에 있어서는 W.C.C 에큐메니컬 운동 소위 기독교회의 공산주의의 신학 그리고 미국의 남부 지방에서 세차게 불고 있는 흑인신학(Black Theology) 등이 홍수처럼 밀려들어오고 있다. 그러나 영국, 네덜란드, 미국 그리고 우리나라를 비롯한 역사적 개혁주의교회와 신학교들은 전통적인 기독교회의 신앙을 계승하고 있다.

지금까지 기독교회의 신앙과 역사를 예수 그리스도를 중심으로 총괄(總括)하였다. 이것은 역사적 칼빈주의 입장에서 보는 하나의 주류적인 역사신학이다. 기독교회의 신앙과 역사는 칼빈 이전에는 꽃봉오리처럼 머물렀고, 칼빈 당시와 오늘에는 활짝 핀 정원의 향기로운 꽃들이며, 내일에는 모든 문화의 영역에서 많은 예수 그리스도의 열매를 맺을 것이다.

한편 기독교회의 신앙과 역사는 우리나라에서도 형성되었다. 우리나라에는 1885년에 미국의 청교도적인 신앙을 가진 선교사들에 의해서 기독교회의 복음이 전해졌다. 그리고 1907년에 기독교회의 대부흥 운동이 일어났으며, 평양을 중심한 새로운 기독교회의 문화권이 이루어졌다. 또한 우리나라 기독교회는 일본의 35년간 정치적 압제를 통해서 기독교회의 신앙적 불변성과 현실성을 갖게 되었다.

1950년대에 우리나라의 기독교회는 서울을 중심으로 한 기독교회의 신앙과 역사를 형성하였고, 점진적(漸進的)인 기독교회의 문화권을 형성하였다. 특히 북한의 남침으로 우리나라의 기독교회는 사분오열(四分五裂) 되어서 자체적인 상처를 많이 입기도 했다.

1970년에 들어와서 우리나라의 기독교회는 아시아와 세계를 향한 선교적 신앙과 역사를 수립하였다. 우리나라 기독교회는 옛날이나 지금이나 그리고 앞으로도 성경을 하나님의 완전 영감된 말씀으로 믿고, 그것을 신앙과 생활의 규범으로 삼으며, 예수 그리스도의 구원신앙을 가지며 그리고 영광스러운 재림 주를 맞이할 신앙을 갖고 있는 것이다.

  이와 같은 역사적 기독교회의 신앙과 역사는 예수 그리스도를 중심한 삼위일체의 동시적 사역(童詩的 事役)의 역사요 하나님의 택한 백성들과 기독교회를 통해서 이룩한 하나님의 나라의 역사이다.

제2장

초대 기독교회의 신앙과 역사

 초대 기독교회의 신앙과 역사는 예수 그리스도의 복음 사역인 사도들의 신앙과 역사를 말한다. 이것은 일반적으로 예수님께서 성령으로 성육신(成肉身)하여 그의 공생애(共生涯)로부터 시작된다. 그리고 사도들 가운데 가장 오랜 세월 동안 복음의 사역을 한 사도 요한(John)까지 약 100년간의 기독교회의 역사이다. 비록 짧은 기간의 기독교회의 역사 같지만 기독교회의 신앙과 역사의 본질과 자체가 있고, 기독교회의 신앙과 역사의 처음과 나중의 전체가 담겨져 있는 것이다.

1. 초대 기독교회의 역사적 배경과 상황

 초대 기독교회의 역사적 배경은 마치 먼동이 트기 전과 같이 어두운 상황이었다. 그 당시 정치적 형편을 보면 유대 나라가 로마의 속국(屬國)으로 있었으며, 전통적인 유대교의 신앙은 형식적이고 무기력하였다. 그리고 그리스와 로마의 이질적인 문화가 모든 영역에 침투되고 있었다. 여기에 대한 좀 더 자세한 역사를 소급하여 설명하면 다음과 같다. 하나님께서는 갈대아 우르에서 아브라함을 택하시고, 그의 후예(後裔)들로 하여금 이스라엘 백성이 되게 하셨다. 그들은 오실 메시아를 기다리면서 이스라엘의 신앙과 역사를 형성하였다. 그러나 이스라엘은 북왕국(이스라엘)과 남왕국(유다)으로 분열되어, 끝내는 바벨론 왕 느부갓네살(Nebechadnezzdr, B.C. 605~562)에게 주전 586년에 예루살렘이 정복된 이래 계속 국가적 설움을 당했다. 이스라엘 백성은 바벨론 정복시대(B.C. 586~536)가 끝나고, 페르시아의 코레스(Curus)가 바벨론을 멸망시킨 후 70년간의 포로생활에서 자유를 얻었다.

그리고 이스라엘은 페르시아의 정복시대(B.C. 538~330)가 끝나고, 그리스의 알렉산드로스(Alexandros) 대왕이 지배하기까지 국가 없는 역사 속에서 그들의 신앙을 지키는 동안 신앙과 역사가 많이 변질되었다. 알렉산드로스의 정복시대(B.C. 330~321)가 끝나고, 다시 이스라엘은 이집트의 통치시대(B.C. 321~198)를 당하였다. 가장 처절한 핍박을 받은 때는 안티오커스 에피파네스(Antiochus Epophanes, B.C. 175~164)의 수리아 정복시대(B.C. 198~166)이다. 이때에 이스라엘의 독립(獨立)을 위한 마카비(Maccabee) 시대(B.C. 166~63)가 있었다.

그리고 그 다음에 이스라엘은 로마의 속국이 되었다(B.C. 63~A.D. 70). 이때에 헤롯(Herod, B.C. 37~4)은 이스라엘의 분봉왕(分封王)이 되었는데 그는 로마의 앞잡이요, 이스라엘의 핍박자였다. 그가 죽은 후에 이스라엘은 그의 세 아들들이 분할하여 다스렸다. 그들 가운데 아켈라우스(Archelaus, B.C. 4~A.D. 26)는 유대, 사마리아, 이두메의 통치를 했고, 헤롯 안티파스(Herod Antipas, B.C. 4~A.D. 39)는 갈릴리와 베뢰아의 분봉왕이 되었다. 그리고 필립(Philip)은 갈릴리 바다의 동쪽과 북쪽 지역을 관할했다. 그중에 아켈라우스는 로마의 황제 아우구스투스(Augustus)에게 폐위되고, 로마의 총독이 그 자리를 대신 하였는데 그가 본디오 빌라도(Pontius Pilate, A.D. 26~36)이다.

이와 같이 이스라엘은 외적, 정치적, 역사의 소용돌이 속에서 헤매이게 되었다. 그들의 신앙은 이교문화의 헬레니즘적 신앙을 반대 하였으나 그들의 자체적 신앙은 변모하여 파당을 형성했다. 그중에 하나가 마카비 시대의 집권자였던 히르카누스(John Hyrcanus, B.C. 135~105)와 주변의 제사장들이 만든 사두개파(Sadducess)가 있었다. 그들은 로마 정부와 타협하여 백성들의 이익보다는 자신들의 목전의 권력과 돈만 추구하는 세속적인 현실주의자들이요, 신앙 면에서는 인간의 부활 등을 부인하는 정치적 당파였다. 그리고 또 하나는 바리새파(Pharisees)로 그들은 율법을 준수하고 부활, 이적 그리고 내세를 믿는 백성의 신앙적 집단이었다. 그러나 그들은 극단적인 쇄국주의(鎖國主義)적 신앙과 생활을 하였으며, 하나의 외식주의(外式主義)를 형성하게 되었다.

이 밖에 초대 기독교회의 역사적 배경 가운데 가장 역사적인 문제는 전통적인 헤브라이즘과 그리스와 로마의 헬레니즘과의 사상적 혼합이었다. 그중에 플라톤(Plato, B.C. 428~348)의 이데아 세계의 관념론(觀念論)이 있다. 제노(Zeno of citium, B.C. 264)가 주장한 스토익주의(Stoicism)는 하나의 유물론(Materialism)으로, 존재의 궁극은 물질이라는 것이며, 또한 신과 우주를 동일시하는 범신론(Pantheism)이다. 그들은 도덕적 최고의 선(Summum Bonum)과 세계 동포주의(Cosmopolitanism)를 부르짖었고, 이것은 하나의 큰 물결을 일으켰다. 또 하나의 다른 철학적 사상은 프로티누스(Plotinus, A.D. 204~269)의 신플라톤주의(Neoplatonism)다. 이것은 일원론(一元論)적 유출(流出, Emanation)로서 세계는 맨 처음 신으로부터 유출하였고 나중에는 다시 신에게로 돌아간다는 것이다.

그 밖에 소아시아에서 일어난 미신적 신비주의의 이교사상(異敎思想)이 있다. 즉 이집트의 이시스(Isis)와 세라피스(Serapis), 페르시아의 미트라(Mithra) 신, 소아시아의 시벨리(Cybele) 신과 에티스(Attis) 신 등이다. 이들은 인류를 구원한다는 원리를 가르치며 그들의 의식을 통한 신앙적 행위를 가졌다. 가령 이시스와 세라피스 신을 숭상하는 자들은 성수(聖水)에 목욕을 시키며, 시벨리와 미트라 신을 믿고 추종하는 자들은 황소의 피로 씻었다고 한다.

이와 같이 초대 기독교회의 역사적 배경과 상황은 인간의 한계점과 문화의 국한점에 도달되어 있었다. 그리고 이스라엘의 신앙은 타락했고, 이방신을 섬기는 일은 계속되었다. 그러나 하나님께서는 그리스와 로마의 문화를 통해서 기독교회의 신앙과 역사를 크게 이룩하셨다. 그것은 언어가 라틴어로 통일되어 있어 복음전파가 용이했고 교통이 편리했다. 또한 유대인들이 분산하여 살고 있었고, 지역이 넓어지므로 기독교회의 복음 전파는 큰 혜택을 간접적으로 받은 것이다. 그 바에 사상적 도덕적으로 예수 그리스도의 복음을 맞이할 전초(前哨)가 되었다고 보아진다.

2. 예수 그리스도의 성육신과 기독교회의 복음

예수 그리스도는 기독교회의 복음 자체이며, 기독교회의 근원이시다. 그는 만세 전부터 계셨고 삼위일체(三位一體)의 하나님이시다. 그의 성육신(成肉身)은 하나님의 주권적(主權的) 섭리이며 결코 그의 탄생은 역사적, 신앙적 그리고 시대적인 요청이 아니었다. 일반적으로 예수 그리스도는 주전 4년 12월 25일에 유대 나라 베들레헴 말구유에서 동정녀 마리아에게서 성령으로 잉태하셨다고 믿는다. 그는 구약의 오실 메시아이시며, 신약의 오신 메시아이시다. 그리고 하나님께서 택한 백성의 구세주이시다. 그러므로 기독교회의 신앙과 생활은 예수 그리스도에게 토대를 갖고 있다.

우리는 성경을 중심으로 해서 예수 그리스도의 사적을 간단히 관찰하려고 한다. 예수 그리스도는 헤롯(Herod, B.C. 4~A.D. 37)의 통치 시대에 예루살렘에서 남쪽으로 약 6마일 떨어진, 구약에 예언된 장소(미 5:2)인 베들레헴에서 성육신하였다. 그는 신성(神性)과 인성(人性)을 가지셨으며, 어린 시절은 나사렛(Nazareth)에서 보내셨다. 그리고 12세에 예루살렘을 방문하셨다. 우리는 예수 그리스도께서 여리고(Jericho) 가까이 있는 요단(Jordan)강에서 세례 요한에게 세례받기 전까지는 그의 공생애의 준비 기간으로 생각할 수 있다. 일반적으로 그 기간을 주전 4년 12월 25일부터 주후 27년 1월까지로 간주한다.

예수 그리스도께서는 주후 27년에 그의 길을 예비한 세례 요한에게 세례를 받았다. 그때에 하늘이 열리고 성령(聖靈)이 비둘기 모양으로 그에게 임하였고, 하늘로서 소리가 있어 가로되 "이는 내 사랑하는 아들이요, 내 기뻐하는 자라"고 했다. 그 후부터 그는 혈통상으로는 다윗의 후손이요 하나님의 아들로서 그의 공적 생을 시작하셨으니 곧 기독교회의 복음을 전파하였다. 다시 말하면 예수 그리스도께서 복음(福音) 자체임을 하나님의 택한 백성들에게 나타내셨다는 말이다. 우리는 그 기간을 주후 27년 1월부터 30년 4월 9일까지로 생각한다.

예수 그리스도께서는 복음 전파를 유대 갈릴리 지방에서 시작하였고 최초의 메시지는 "회개하라, 하나님의 나라가 가까웠느니라"고 하였다. 이 복음은 성령의 감동으로 말미암아 하나님의 택한 백성들의 심령 속에 뿌려지기 시작했고, 새 신앙의 거룩한 흐름이 흐르기 시작했다. 마치 새 우물에서 생수가 넘치듯 기독교회의 복음의 역사는 갈릴리에서 일기 시작했다. 그러므로 예수 그리스도의 복음은 유대교 신앙의 연장이나 계속이 아니며, 더욱이 옛 신앙의 회복이나 혁명이 아니다. 이때에 형식주의 유대인들은 예수 그리스도에게 도전을 하였고 그들은 정치적 힘을 빌려 핍박하기 시작했다. 그들은 말하기를 나사렛에서 어찌 선한 것이 나겠으며, 목수의 아들 예수 그리스도는 그들이 기다리는 메시아가 아니라 했다. 왜냐하면 유대인들은 구약의 오실 메시아는 새로운 형태의 정치적 지도자로 간주하였기 때문이다.

예수 그리스도는 유대인의 회당(Synagogues)에서, 해변가에서 그리고 산상에서 수많은 하나님의 택한 백성들에게 하나님 나라의 비밀을 선포하셨다. 또한 그는 그의 열두 제자들을 택하셨다. 그들은 시몬 베드로, 안드레, 야고보, 요한, 빌립, 바돌로메, 마태, 도마, 알패오의 아들 야고보, 다대오, 시몬 그리고 가룟 유다 등이다. 이들은 예수 그리스도의 불쏘시개로서 갈릴리와 사마리아 그리고 유대의 각 지방을 불태우며 다녔다. 곧 예수 그리스도의 복음을 전파하였던 것이다. 여기에 대한 자세한 고찰은 다음 장에서 할 것이다. 예수 그리스도께서 제자들과 갈릴리 전도를(A.D. 12년 12월~28년 여름) 하셨고, 많은 택한 백성들은 오신 메시아를 영접하여 그를 믿음으로 구원함을 받았다. 뿐만 아니라 그들 가운데 육신적으로 질고를 당한 자들 중 예수 그리스도의 사랑과 이적으로 치료함을 받은 자들이 헤아릴 수 없었다(마 9:27~34, 막 5:21~43, 눅 8:26~39). 이것은 예수님께서 하나님의 권능과 능력을 나타내신 것이다.

예수 그리스도께서는 계속 갈릴리에서 복음을 전파하셨고 그의 2차 전도는 주후 28년 여름에서 29년 4월까지 생각된다. 그리고 마지막 갈릴리 전도는 주후 29년 4월부터 12월까지 추산되며, 그때에 예수 그리스도의 복음 전파는 절정을 이루었다. 그것은 예수 그리스도가 성경이 증거한 메시아이며, 하나님의 아들이며 그리고 구세주임이 더욱 분명해졌기 때문이다. 이때에도 예수 그리스도께서는 많은 이적과 기사를 행하셨다(마 14:13~21, 22~23, 막 8:22~26, 눅 9:40~50). 그리고 자신의 십자가 대속(代贖)을 말하였고, 다시 부활(復活)하실 것을 전하였다.

예수 그리스도께서는 그의 사랑하는 제자들과 최후까지 기독교회의 복음을 전하였다. 그는 베뢰아 지방에 가서 전도(A.D. 29년 12월~30년 4월)를 하셨다. 그리고 예수 그리스도는 예루살렘에 제사장(祭司長)으로, 선지자(先知者)로, 그리고 왕(王)으로서 입성(入城)하셨다.

이제 우리는 예수 그리스도의 공생애 중에 마지막 한 주간(A.D. 30년 4월 2일부터 9일까지)의 역사를 서술하려고 한다. 예수 그리스도께서는 주일날 성전에서 복음을 전하였고, 그때에 대제사장들과 백성의 장로들은 그것을 매우 못마땅하게 생각하였으며, 그들은 예수 그리스도의 비행(非行)을 추적하였다. 그러나 그들은 아무것도 그에게서 잘못을 발견하지 못했고, 예수 그리스도를 붙잡기 위해 갖은 모략과 중상을 꾀하였다. 그는 다음 날 성전을 깨끗하게 하셨고(마 21:12~13). 내 집은 만민이 기도하는 집이라고 하셨다. 화요일에 그의 제자 가롯 유다에게 배반(背反)을 당하였다(마 26:14). 그리고 예수 그리스도께서는 제자들과 유월절(逾越節)을 목요일에 지키셨고, 겟세마네 동산에서 최후의 기도를 하셨다. "내 아버지여, 만일 할 만하시거든 이 잔을 내게서 지나가게 하옵소서 그러나 나의 원대로 마옵시고 아버지의 원대로 하옵소서." 그 후 로마의 군병들에게 잡히시고, 가야바에게 심문을 당하셨다. 그리고 금요일에 예수 그리스도는 로마의 총독 빌라도에게 재판을 받으셨고 십자가에 못 박혀 돌아가셨다.

　우리는 예수 그리스도께서 십자가에서 돌아가심을 기독교회의 신앙의 최고의 면류관으로 간주한다. 왜냐하면 그가 찔림을 당하고, 옆구리에 창을 맞고, 양손과 양발에 쇠못을 박고 돌아가심으로 하나님의 택한 백성은 그의 사랑의 공로로 대속함을 받기 때문이다. 또한 우리는 기독교회의 신앙은 예수 그리스도의 십자가 이전과 이후의 역사적 갈림길이 있음을 보기 때문이다. 전자는 고난과 가시밭길이 있었으나 그것은 세상 질고와 죄에 대한 모형이었고, 후자는 예수 그리스도께서 3일 만에 부활하시고 그의 제자들에게 나타나셨으며 하나님의 나라로 그들이 보는 가운데서 승천하셨다. 또한 영광의 주님으로 재림하실 성경적 사건이 있는 것이다. 이것은 십자가 후의 기독교회의 복음과 신앙의 금자탑이다. 이와 같이 기독교회의 신앙과 역사는 그의 제자들에게 의해서 더욱 성령의 감동으로 널리 널리 전 세계에 전파되었다. 우리는 예수 그리스도께서 기독교회의 신앙과 역사의 근원임을 발견하였다.

3. 사도(使徒)들의 신앙과 행적

예수 그리스도의 열두 제자들은 복음 자체이신 예수 그리스도를 친히 목격하고 그와 더불어 생활을 함께하였으며, 예수 그리스도를 위하여 생의 전부를 바친 자들이다. 그러므로 그들은 기독교회의 신앙과 역사를 형성한 중추적(中樞的)인 사람들이며, 그들의 복음 사역은 주후 1세기까지 곧 사도 요한의 말년까지였다. 우리는 그들이 전한 기독교회의 복음이 예수 그리스도 자체였음을 안다. 왜냐하면 비록 그들에게 있어서 시간적, 지리적, 환경적인 변화 속에서 복음을 믿고 전했을지라도 기독교회의 신앙에는 조금도 변함이 없었기 때문이다.

이제 그들의 복음 사역과 행적을 간단히 서술하려고 한다. 그중에 예수 그리스도의 수제자 베드로(Peter, ?~68)는 벳세다(Bethsaida)에서 출생했고, 그의 아버지는 요나(마 16:17)이며, 그의 아우는 안드레(Andrew)이다. 그들 형제는 후일 가버나움(Capernaum)에 이거하여 살았고, 그들의 본업은 어부였다. 베드로는 아우로 말미암아 예수 그리스도를 영접했고, 갈릴리 바다에서 직접 예수 그리스도의 부르심을 받고 그의 제자가 되었다. 성경에 나타난 대로 보면 베드로의 성격은 소박하고 정직하며, 급하고 정열적이었다.

베드로의 신앙고백을 보면 "주는 그리스도시오 살아 계신 하나님의 아들이시니이다"(마 16:16)였다. 그리고 베드로는 초대 기독교회의 오순절(五旬節)에 성령의 충만함을 받고 기독교회의 복음을 담대하게 전하였다. 그의 메시지를 듣고 회개하고 예수 그리스도를 영접하는 자들이 많이 있었다. 그의 복음 전파 지역은 유대와 사마리아였다.

베드로는 헤롯 아그리파(Herod Agrippa) 1세 때에 잠시 투옥되었으나 하나님의 천사들이 그를 구하여 주었다(행 12:1~17). 그는 그 후 다른 곳에서 복음을 전했고, 또한 소아시아를 방문한 적도 있었다. 특별히 그는 본디오(Pontus), 갑바도기아(Cappadocia) 그리고 베다니아(Bathynia) 지역을 순방했다. 베드로의 최후는 로마의 네로(Nero) 황제가 기독교회를 핍박할 때에 순교를 당하였다. 사도 베드로의 메시지는 예수 그리스도의 부활을 증거했고, 그의 승천을 전하였다. 뿐만 아니라 그는 친히 예수 그리스도의 영광스러운 승천을 목격하기도 했다. 그는 유대인들에게 복음을 전했고, 이방에 기독교회의 복음을 전하기도 했다. 베드로의 아우 안드레 역시 열두 제자의 반열에서 예수 그리스도를 추종하였고, 기독교회의 복음을 전파하였다.

예수 그리스도의 제자들 가운데 야고보와 요한이 있다. 그들은 형제들이요, 아버지는 세베대이며, 어머니는 살로메이다. 그들은 유대인으로서 유대교의 신앙에서 떠나 예수 그리스도를 영접한 기독교회의 가정이다. 특별히 사도 요한은 예수 그리스도의 열두 제자 중에서 가장 오랜 세월을 보내었으며 기독교회의 신앙과 역사를 계승한 예수 그리스도의 직계이다. 그는 예수 그리스도와 동고동락(同苦同樂)했으며, 최후의 일인으로서 기독교회의 복음 자체이신 예수 그리스도를 증거했고, 그의 부활을 전했으며, 예수 그리스도의 사랑을 몸소 실천했다. 사도 요한은 소아시아 기독교회의 장로였고, 많은 기독교회를 설립했으며 또한 다년간 목회를 하였다. 그리고 그는 많은 서신들을 썼는데 곧 요한복음, 요한 1서, 2서, 3서 그리고 요한 계시록 등이 있다.

사도 요한 역시 예수 그리스도의 복음을 전하다가 주후 98년경에 순교하였다. 그 밖에 다른 제자들, 빌립과 바돌로메, 도마와 세리 마태도 예수 그리스도의 복음을 최후까지 전하였다. 마태(Matthew)는 예수 그리스도를 만왕의 왕으로 전파했다. 특별히 그는 유대인들이 기독교회의 유대인들을 핍박하고 또한 신앙적으로 나태하여 좌절하고 있을 때 유대인들을 위로하며, 예수 그리스도는 구약의 예언의 성취자로서 구약의 말씀을 이룩한 오신 메시아이시며, 이스라엘에게 약속된 메시아로서 하나님의 택한 백성을 위하여 십자가에서 돌아가셨음을 힘있게 그들에게 전파했다. 이것은 예수 그리스도가 삼위일체 하나님의 영원한 구원 계획을 성취한 것을 보여주는 것이다. 마태는 유대에서 약 15년간 복음을 전파했고, 마태복음을 기록한 예수님의 제자이다.

예수 그리스도의 제자 중에는 알패오의 아들 야고보, 다대오, 가나안인 시몬과 가룟 유다가 있다. 가룟 유다(Iscariot Judas)는 예수 그리스도를 유대의 제사장들에게 은 30에 판 자이다(마 27:5). 그 후 그는 자신의 죄책에 스스로 자신의 목숨을 끊었다. 우리는 예수 그리스도의 제자들이 당시의 기독교회를 핍박하는 유대교회와 신앙적 투쟁을 하였고 이방인들에게 복음을 전파한 것을 고찰했다. 그들은 결코 유대교의 분리주의자(分離主義者)들이 아니며, 이스라엘의 정치적 쿠데타를 일으킨 비밀결사대(秘密結社隊)도 아니다. 그들은 예수 그리스도의 복음을 전하는 기독교회의 성도들이고 사도들이며 기독교회의 지도자들이다. 초대 기독교회에서 예수 그리스도의 제자들 외에 많은 사도들의 신앙과 역사가 있다. 우리는 그들의 행적을 전부 기록할 수가 없다. 그것은 우리의 지면이 부족하기보다는 그들의 복음 사역의 아름다운 발자취가 너무나 많기 때문이다. 그러나 그중에 한 사람, 사도 바울에 대해서 다음 장에서 자세히 언급하려고 한다.

4. 사도 바울의 신앙과 역사

기독교회의 신앙과 역사는 사도 바울에게 하나의 새로운 역사적 전환점을 주었다. 그것은 지금까지 기독교회의 복음이 유대인들에게만 전파되었으나, 바울을 통해서 기독교회의 신앙과 역사가 더 광범위한 지역으로 전파된 것이다. 사도 바울은 전통적인 유대교의 바리새파였는데 다메섹의 역사적 사건으로 그의 생애에 큰 변화를 가져와서 예수 그리스도를 영접했다. 이것은 그가 결코 유대교에서 기독교회로 탈바꿈한 것도 아니며 또한 기독교회가 유대교에서 발생되어 나왔다는 의미도 아닌 것이다. 그러나 바울의 신앙과 역사에서 가장 중요한 위치를 갖고 있다. 그것은 바울의 신앙과 역사가 고대 기독교회의 종결점(終結點)에 있는 성 어거스틴에게 전승되었는데 그는 기독교회의 바울 신앙과 신학을 수립하여 중세 기독교회에 실현하였고, 또한 개혁 기독교회에 큰 영향을 주었기 때문이다. 바울의 신앙과 어거스틴의 신앙은 개혁 기독교회의 칼빈에게 이르렀고 그는 역사적 칼빈주의를 형성하여 오늘의 기독교회의 주류적인 신앙과 역사를 형성하였다.

우리는 바울의 신앙적인 역사를 간추리며, 그를 통한 기독교회의 역사를 자세히 알 수 있다. 바울(Paul)의 본 이름은 사울(Saul)이다. 그는 다메섹에서 변화를 받고 자기의 이름을 바꿔 바울(작은 자)이라고 했다. 그는 길리기안(Cilicia)의 다소(Tasus)에서 출생했고, 8일 만에 할례를 받았으며, 이스라엘의 족속이며, 베냐민의 지파이며, 히브리인 중의 히브리인이다(빌 3:5). 그는 태생으로 인해 로마의 시민이요(행 22:28), 다소의 명문 학교에서 교육을 받았다. 당시의 다소는 학문 세계에서 이름이 높았던 도시였고, 스토아 철학의 중심지였다.

바울은 가말리엘(Gamaliel) 문하에서 공부를 했고(행 22:3), 전통적인 유대교의 신앙과 생활을 철저히 답습했다. 바울은 당시의 예수 그리스도와 기독교회를 비밀 당이나 정치적 혁명단체로 생각했다. 그는 기독교회를 핍박하는 데 앞장섰고(행 7:58, 8:1~3, 9:1), 기독교회의 집사 스데반을 처형시키는 데 가담했다. 그러나 그 후부터 바울의 마음속에는 이상한 변화가 생겼다. 왜냐하면 그는 철저한 바리새인으로 율법을 잘 준수했지만 그것이 그에게 내적인 의(義)를 가져다주지 못했으며, 오히려 내적 갈등과 회의로 가득찼었다. 그런데 갈릴리의 예수 그리스도는 메시아로서 그가 택한 백성을 위해 십자가에 돌아가시고, 부활(復活)하셨고, 그의 제자들은 예수 그리스도를 위해서 전 생애를 바치며 수많은 군중이 예수 그리스도를 추종했다. 또한 스데반이 돌에 맞아 죽임을 당할 때에도 그는 하나님에게 기도를 한 것이다. "주여, 이 죄를 그들에게 돌리지 마옵소서." 그리고 그의 얼굴은 광채가 나며, 기쁨으로 죽음을 감수했다. 분명히 그들에게는 새로운 신앙이 있었으며, 하나님의 돌보심이 있음을 깨달았다. 그리고 자신은 어떤 신앙적인 편견과 주관적인 원리에 빠진 것을 알게 되었다. 기독교인을 박멸(撲滅)하기 위해 예루살렘에서 150마일이나 되는 다메섹(Damascus)으로 가며 바울은 대제사장의 편지를 갖고 자기의 사명을 다시 한번 마음속으로 다짐했다. 그런데 바울은 자기를 부르시는 영광의 예수 그리스도를 신앙적 환상 중에서 본 것이다. '사울아, 사

울아, 네가 어찌하여 나를 박해하느냐? 나는 네가 핍박하는 예수다.'

우리는 바울의 신앙적 경험의 실제성과 변화의 능력에 대해서 아무런 의심을 품을 수가 없다. 예수 그리스도의 현현(顯現)으로 바울은 예수에게 자신을 바치는 인격적인 헌신이 생겼기 때문이다. 일반적으로 바울의 다메섹 사건은 주후 55년경으로 생각한다. 바울은 그 후부터 기독교회의 예수 그리스도를 전하기 시작했고, 아라비아(Arabia)에서 3년간 신앙적 훈련을 갖기도 했다(갈 1:7). 이곳에서 바울은 하나님께서 성경을 통하여 허락하신 이스라엘의 구원은 예수 그리스도에게서 완성된 것임을 확신했다. 그리고 구원은 율법을 지킴으로가 아니고 믿음으로 말미암은 것을 알았다(롬 1:17).

바울은 그 후 예루살렘을 방문했고(행 9:30, 갈 1:21), 시리아(Syria)와 길리기아로 가서 예수 그리스도의 복음을 전했다. 그는 바나바(Banaba)를 만나 함께 구브로(Cyprus)와 소아시아에 첫 전도여행을 떠났다. 그들의 출발점은 수리아 안디옥이었다. 당시의 안디옥은 로마 제국에서 셋째 가는 큰 도시였고 세속의 도시였다. 바울은 훗날 이곳에 기독교회를 세웠고, 기독교회의 중심을 이룩했다. 바울과 바나바는 그들의 전도여행에 마가(Mark)와 요한(John)도 동참하게 하였다. 그들은 안디옥의 항구인 실루기아에서 배를 타고 구브로섬에 도착했으며, 이 섬의 남쪽 끝에 있는 수도 바보에 이르렀다. 여기에서 서기오 바울 총독이 회개하고(행 13:12) 예수 그리스도를 영접하였다. 그들은 계속해서 밤빌리아 땅 버가로 가는 작은 배를 탔다. 우리가 아는 대로 바울은 그때에 심한 열병에 걸려 육체적 고통을 크게 당하고 있었다. 그러나 그들은 갖은 고통과 역경을 만날지라도 기독교회의 복음 전파의 사명에 충실했으며, 비시디아 안디옥에 도착하기까지 북쪽을 향하여 산을 넘고 강을 건너또한 도보로 전도여행을 했다. 이곳에서의 복음 전파는 매우 고무적(鼓舞的)이었고, 경건한 기독교회의 성도들은 자기들의 눈을 빼어줄 정도였다.

바울은 이고니온, 루스드라, 더베 등을 차례차례 전도여행을 하면서 기독교회의 복음을 전파했다. 그들이 제1차 전도여행을 마치고 수리아 안디옥으로 돌아왔을 때 예루살렘에서는 기독교회의 유대인과 이방인 사이의 할례 문제로 논쟁이 있었다. 바울은 예루살렘 회의에서 이 문제를 잘 해결하였다. 그것은 기독교회의 신앙이 율법의 할례에 있지 않고 예수 그리스도에게 있음을 밝히고, 모든 문제를 신앙적으로 잘 처리했다.

바울은 새로운 동역자(同役者) 실라를 데리고 2차 기독교회의 복음 전도여행에 나섰다. 그들은 소아시아, 마케도니아 그리고 그리스로 갔다(행 15:36~18:23). 그들의 전도여행에 디모데와 누가가 동반(同伴)하였고, 그들은 약 450년 전에 제노폰(Zenopon)이 1만 명의 원정군을 거느리고 페르시아로 향하였다가 수리아 수도를 지나서 알렉산더 대왕이 3세기 반 전에 아주 큰 싸움을 하였다는 이시스를 지나갔다. 거기서 다시 두 강을 건너서 바울이 유년기를 지냈던 다소를 거쳐 길리기아로 갔다. 그들은 옛길을 따라 더베로 간 것이다. 바울은 1차 전도여행 중에 세운 기독교회들인 루스드라, 이고니온, 비시디아 지방으로 복음 전도여행을 떠났다. 그리고 빌립보 성에 도착하여 기독교회의 복음 전파에 큰 성과를 얻었고, 특히 신실한 신앙의 여종 루디아(Ludia)를 만나게 된다. 그 여자는 두아디라 출생의 이방인이고, 그의 남편은 두아디라의 명산물인 물감과 염색한 옷감을 파는 상인이었다. 남편이 죽은 뒤 그 업(業)을 이어받아 이곳에서 기독교회의 복음을 받고, 예수 그리스도의 지체가 된 것이다. 한 여인 루디아를 통해서 기독교회의 신앙과 역사는 유럽 땅에까지 심어지게 되었다. 바울은 빌립보에서 고난과 핍박을 이겨내고, 복음의 수확을 크게 거둔 후 데살로니가로 갔다. 그리고 그들은 서남쪽에 있는 베뢰아 지방으로 들어갔다. 바울과 그의 일행은 기독교회의 복음 전파에 지칠 줄도 모르고 성령의 감동함과 충만함으로 계속 예수 그리스도를 전했다. 그들은 고대 문화와 철학의 중심지요, 그리스의 수도인 아덴에 들어갔다. 여기에서 바울은 디모데를 데살로니가로 보냈고, 실라는 빌립보로 다시 파송하였다. 그리고 그들이 교회 소식과 문제점을 가지고 돌아왔을 때 바울은 고린도에 있었다.

바울이 전한 기독교회의 복음은 단순한 것이었다. 그것은 삼위일체 하나님께서 예수 그리스도를 하나님의 택한 백성을 위해서 보내시고, 예수님은 하나님의 택한 백성을 위해서 십자가에 못 박혀 돌아가심으로 대속의 사업을 이룩하였으며, 하나님의 택한 백성을 위해 영광 중에 재림하시며, 하나님의 나라를 영원히 이룩하신다는 것이다. 이것은 유대교의 율법을 준수함으로 구원을 받지 못함과 의에 이르지 못하는 것을 의미하고 또한 기독교회의 복음은 예나 지금이나 앞으로도 불변하며, 항상 현실성을 갖고 있음을 뜻한다. 그러므로 바울은 자연히 유대교의 지도자들로부터 박해를 받았고 그들은 정치와 타협하여 더욱 속박하였다. 그러나 이른 봄 마른 잔디밭에 불을 붙여 놓고 소나무 가지나 옷으로 끄려고 덤벼들면 덤벼들수록 복음은 더욱 강하게 전파되었다. 그것은 당시의 백성들이 영적 기갈 상태에 있었고 생명의 복음을 받아들였기 때문이다.

바울은 기독교회의 복음을 전파하기 위해서 같은 지역으로 3차 전도여행을 했다(행 18:23~21:26). 그 후 바울은 유대교 지도자들의 중상모략으로 예루살렘에서 체포되어 산헤드린에서 심문당하고 가이사랴(Caesarea)에 수감되었다. 그는 약 2년 동안 감옥살이를 했고(A.D. 57년 59년), 그 후에 석방되어 그가 지난날에 복음을 전파했던 곳을 방문했다. 일반적으로 그곳을 오늘의 스페인이라고 한다(롬 15:24). 바울은 두 번째 체포되어 로마 감옥에서 옥살이를 했는데, 그의 직무를 다한 것이다(딤후 4:6~8).

여기에서 우리는 바울의 신앙과 기독교회의 역사를 간단하게 마무리 짓고자 한다. 기독교회의 복음은 삼위일체 하나님에서 기원되었고, 기독교회의 역사에 있어서는 동시적 역사임을 이미 밝혔다. 다시 말하면 기독교회의 복음은 시간적, 지리적, 역사적으로 불변했으며, 항상 오늘의 복음으로 나타났다는 것이다. 그러므로 예수 그리스도는 복음 자체요, 기독교회의 신앙의 근원이었다. 그의 열두 제자들과 사도들은 예수 그리스도를 본 대로 증거했고, 체험한 대로 전파했고, 성령의 감동으로 성경을 기록하였다.

사도 바울 역시 그의 신앙은 기독교회의 복음 자체이신 예수 그리스도였다. 그러나 지금까지 일부 기독교회는 바울의 신앙과 역사를 유대교와의 상대적 관계에서 취급하였는데 이것은 매우 잘못된 것이다. 왜냐하면 예수 그리스도와 기독교회는 결코 유대의 연장이나 개혁이 아니기 때문이다. 기독교회의 신앙은 유대교의 율법의 행위로 말미암은 구원을 말하지 않고, 예수 그리스도를 믿음으로써 구원을 받는 것이며, 예수 그리스도는 오신 메시아로 삼위일체 하나님으로서 자기의 백성을 저희 죄에서 구원하려고 성육신하셨다. 그러므로 기독교회의 구원은 유대와 같이 인간적 행위와 의식으로부터가 아니고 하나님의 은혜로 예수 그리스도로 말미암은 것이다.

그리고 바울은 예수 그리스도 안에서 성도들의 생활을 강조했다. 이것은 예수 그리스도로 말미암아 의롭게 되고 구원함을 받은 하나님의 택한 백성은 곧 예수 그리스도의 지체임을 의미한다. 또한 유대교 율법의 중심이 성전인 것에 비해서 기독교회의 성전은 예수 그리스도시며, 그의 택한 백성들 자체인 것을 말했다. 그러므로 기독교회의 신앙의 원점은 항상 예수 그리스도였다. 반면에 삼위일체 하나님의 성령은 항상 하나님의 택한 백성들의 신앙과 생활을 영위케 하신다. 따라서 성도들의 내세는 예수 그리스도의 부활과 재림에 연결되어 있다.

이와 같이 바울의 신앙은 조금도 변함없는 예수 그리스도의 복음이었고, 기독교회의 신앙과 역사를 계승했고, 전파했으며, 성령의 감동으로 기록하였다. 사도 바울은 기독교회의 복음을 헬레니즘이나 이방신교주의 그리고 그 밖의 철학과 윤리, 문화와 사상에 혼합하지 않았으며, 어떤 조화나 타협을 하지 않았다. 이들은 사도 바울이 기독교회의 복음의 토착화를 하지 않았다는 것을 의미한다. 그는 만세 전에 계신 삼위일체 하나님의 신앙과 역사를 추종했고, 예수 그리스도에게서 완성된 기독교회 복음을 전파했으며, 역사적 기독교회의 복음을 계승하였다.

5. 초대 기독교회의 예배와 생활

예수님이 살아계실 때 초대 기독교회의 예배와 생활은 예수 그리스도의 말씀을 듣는 것이요, 그의 가르침대로 행하는 생활이었다. 예수 그리스도께서 때때로 유대인의 회당(會堂)에서 강론할 때에 거기에 참여하는 것이 예배였고, 그가 산상에서 혹은 바닷가에서 하나님 나라의 메시지를 선포할 때 받아들이는 것이 예배였다. 그리고 그들은 예수 그리스도의 가정을 이룩하였으며, 사회의 모든 문화권에서 예수 그리스도의 명령을 준행하여 하나님의 나라를 건설하는 것이 생활이었다. 그러므로 초대 기독교회의 예배는 예수 그리스도시요 어떤 제도나 한정된 장소 이상의 것이었다.

예수 그리스도의 십자가 대속 이후 초대 기독교회는 그의 제자들과 사도들에 의해서 기독교회의 복음 전파와 신앙을 계승하기 위해서 예수 그리스도의 모임을 갖게 되었다. 이것이 기독교회(Ecclesia)이다. 그러므로 기독교회의 의미는 하나님께서 예수 그리스도를 통하여 하나님의 택한 백성들을 불러낸 것을 말한다. 그들은 일상생활과 사회생활에서 일어나는 제반 문제와 생활환경에 대해서 예수 그리스도의 교훈과 규범에 의해서 준행하게 되었다. 그것이 기독교회의 생활 원리가 된 것이다. 특별히 기독교회가 유대, 그리스, 로마, 수리아, 마게도니아 그리고 소아시아와 유럽에 세워지고, 기독교회의 복음이 전파되므로 기독교회의 생활양식은 다양하게 되었다.

여기에서 초대 기독교회의 예배 형식(禮拜形式)을 간단히 살펴보면, 예수 그리스도의 말씀 그리고, 제자들과 사도들의 교훈이 예배 원리의 첫째였고, 둘째는, 함께 기도(祈禱)하는 것이었다. 예수 그리스도께서 세우신 성례(聖禮)는 부활(復活) 이후 그 주간의 첫째 날이었다(행 20:7). 또한, 예배 장소는 성도의 가정 또는 들과 산이었으며, 그 후에 일정한 처소를 정해 예배당으로 삼았다. 초대 기독교회의 조직(組織)은 처음에는 매우 단순하였다. 성령의 감동함을 받은 자들이 교회의 일을 스스로 하였고, 나중에는 교회의 성도들이 감독과 장로들을 선택하였다. 그들은 교회의 행정과 제반 문제를 관할하였다. 또한 교회의 경제적인 살림을 맡은 집사들이 있었고, 교회의 교육을 담당하는 교사도 있었다. 그들은 교회의 질서 유지를 위한 직원들이었고 계급적인 등급이 아니었다.

다음으로 초대 기독교회의 신앙생활을 보면, 그들은 신앙과 생활의 조화를 이룩한 예수 그리스도의 참된 삶을 영위하였고, 이웃을 향한 예수 그리스도의 사랑의 실천을 하였다. 그러나 그들에게는 당면한 여러 가지 문제가 있었다. 가령 예배 시에 성례전에 참여하는 문제에서 성찬식에는 세례를 받은 성도들에게만 국한하므로 초신자에게는 신앙적 차별 대우에서 오는 정신적 부작용을 갖게 되었다. 그리고 기독교회의 복음이 민족과 지역 생활양식과 문화의 환경 등이 각각 다른 지역에 전파되므로 성도 간의 혼인 문제가 야기되기도 했다. 특별히 기독교회의 유대인과 이방인 사이의 문제였고 또한 할례 문제 등이 있었다. 그 밖에 초대 기독교회는 이웃을 향한 구제 문제, 지방과 황제에게 바치는 세금 문제 등이 있었다.

이와 같은 문제가 대두되는 것은 그리스, 로마의 문화에 대한 예수 그리스도의 기독교회와 문화 사이에 서로가 조화를 이루지 못한 데서 일어나는 것이다. 특히 초대 기독교회의 성도들은 기독교회의 문화권에 살면서 예수 그리스도의 문화권을 형성하였다. 이것이 예나 지금이나 기독교회의 생활양식이요 문화이다. 기독교회의 문화는 타협이나 혼합주의적인 것이 아니고 모든 지역, 시대, 환경, 역사를 일관하는 일률적인 예수 그리스도의 문화였다. 그것은 복음을 통한 모든 문화권의 점진적 개혁이다.

제3장
사도 후 기독교회의 신앙과 역사

사도 후 기독교회의 신앙과 역사는 기독교회의 신앙과 역사를 더 구체적으로 형성한 시기요 발전기였다. 그러나 주후 100년에서 590년까지의 사도 후 기독교회는 로마 제국의 황제들에게 심한 박해를 받아 큰 시련을 겪었다. 그러나 시련 속에서도 기독교회의 복음을 계승하여 전파하는 교부들과 변증가들이 있었다. 또한 로마 제국의 정치적 핍박에서도 사도 전통을 지키는 기독교회와 여러 이단종파들이 발생하였다. 이와 같은 문제를 해결하기 위해서 기독교회는 세계적 기독교회의 회를 갖게 되었다.

사도 후 기독교회의 신앙과 역사에서 우리의 관심의 초점은 성 어거스틴(St. Augustine)에게 있다. 그는 고대 기독교회와 중세 기독교회 그리고 현대 기독교회에까지 큰 감화를 끼쳤기 때문이다. 여기에서 우리는 기독교회의 복음의 불변성(不變性)과 현실성(現實性)을 갖는 일관된 흐름의 광맥을 발견할 수 있다.

예수 그리스도는 삼위일체 하나님으로 그의 성육신(成肉身)으로 기독교회의 복음이 시작되었고, 그의 열두 제자들과 사도들은 기독교회의 신앙과 역사를 계승하였다. 그중에 사도 바울은 소아시아, 그 밖에 더 넓은 지역에 복음을 전파했다. 그는 그리스와 로마의 문화권에서 예수 그리스도의 신앙과 생활의 영역을 구축한 것이다.

그리고 열두 제자 가운데 긴 세월을 보낸 사도 요한은 그의 신앙과 역사를 그의 사랑하는 수제자 폴리갑(Polycarpus)에게 전해주었다. 그는 전통적인 기독교회의 신앙을 그의 제자 이레니우스(Irenaeus)에게 전해주었고, 이레니우스는 고대 기독교회의 종결점과 중세 기독교회의 관문에 있는 성 어거스틴에게 전해주었다. 그는 지금까지 계승해온 기독교회의 신앙과 역사를 예수 그리스도에게 다시 돌아가는 신앙과 역사를 수립한 것이다.

그러므로 사도 후 기독교회의 신앙과 역사는 기독교회 사도들의 뒤를 계승하여 기독교회의 건설과 교리를 발전케 한 역사상 중요한 위치를 차지하고 있다.

1. 순교자 폴리갑의 전통적 신앙과 역사

순교자 폴리갑의 생애와 역사

사도 후 기독교회의 순교자 폴리갑(Polycarpus, A.D. 69~155)은 주후 69년에 서머나에서 출생했다. 그는 사도 요한의 제자요, 이그나티우스(Ignatius)의 친구이며, 후일에 이레니우스의 스승이 되었다. 그러므로 폴리갑은 초대 기독교회의 사도 요한과 사도 후 기독교회의 이레니우스와의 신앙적인 교량 역할을 한 인물이다. 그는 서머나 교회의 감독으로서 당시 기독교회의 중추적인 존재였다. 왜냐하면 기독교회는 지금까지 그와 같은 기독교회의 지도자들에 의해서 크게 성장해 왔기 때문이다. 즉 주후 30년부터 44년까지는 예루살렘 교회가 기독교회의 모교회(母敎會)로서 중심적 위치에 있었고 베드로는 예루살렘 교회의 지도자였다. 그리고 주후 44년부터 68년까지는 소아시아와 유럽 등지에 기독교회가 생기고 특히 안디옥 교회가 장자(長子)의 역할을 할 때에 사도 바울과 그의 동역자(同役者)들이 기독교회의 중심인물이었다.

그 후 1세기 말까지 약 30년간은 에베소 교회가 기독교회의 모체로서 크게 공헌을 했고, 사도 요한은 당시 기독교회의 유일한 지도자였다. 그의 후계자로서 폴리갑은 기독교회의 신앙과 역사를 잘 계승한 것이다. 당시 로마 제국의 황제 아우렐리우스(Aurelius, 121~180)는 기독교회를 잔인하게 핍박했다. 기독교회의 성도들은 신앙적 위기와 고통 속에서 헤매게 되었고, 설상가상(雪上加霜)으로 심한 질병과 흉년이 겹쳐서 백성들은 곤경에 처해 있었다. 그때 폴리갑은 그들에게 신앙적 용기를 북돋우며 살길을 보여주었다. 그것은 사도들의 신앙을 본받아 그대로 믿고 사는 것이요, 더 나아가서는 예수 그리스도의 복음을 받아들이는 것이었다.

폴리갑의 신앙은 그가 빌립보에 보내는 편지에 잘 나타나 있다. "그러므로 너희들은 허리를 동이고, 두려움과 진리 안에서 하나님을 섬기고, 사람들의 공연한 이야기와 거짓된 가르침을 버리고, 우리 주 예수 그리스도를 죽은 자 가운데서 일으키사 영광과 그의 우편의 보좌를 주신 이를 믿을지니라"고 했다. 또한 "그는(예수 그리스도) 산 자와 죽은 자를 심판하시기 위하여 다시 오실 자시니"라고 했다. 그리고 "이 모든 일에 견고히 서서 주의 본을 따라 믿음에 굳게 서서 흔들리지 말며, 형제 우애를 도모하여 서로 사랑하고 진리 안에서 함께 수고하며, 주의 온유하심으로 서로 존경하라"고 했다.

순교자 폴리갑의 신앙과 순교

이상에서 보는 대로 폴리갑의 신앙은 단순한 기독교회의 복음이었다. 그는 동시대 기독교회의 교부들의 신앙과는 상이했다. 로마의 클레멘트(Clement of Rome)는 헬레니즘적 유대주의 경향을 띠고 있어 사도 바울의 신앙에서 떠나 윤리적 관심과 율법과 질서에 대한 관심이 되는 하나의 형체적 기독교회의 사상에 빠졌고, 이그나티우스(Ignatius of Antoich)는 신비주의적인 경향으로 나아갔다. 이와 같이 사도 후 기독교회의 교부들 사이에는 신앙과 역사 속에 기독교회의 복음을 이해하는 데서 틈바구니가 생겼다. 그것은 전통적인 기독교회의 복음과 로마의 문화권에서 형성된 기독교회의 복음, 그리스와 로마의 문화권에서 형성된 기독교회의 복음 사이에서 발생한 것이다. 폴리갑은 전자에 속했고 사도 요한을 통한 예수 그리스도의 복음을 직접 계승했다. 이것은 폴리갑에게 있어서 사도적 신앙의 권위와 바탕인 것이다. 즉 기독교회의 신앙의 규범인 성경에 기초를 두었다는 것이다. 여기에서 기독교회의 신앙적 원리가 새롭게 수립된다. 그것은 기독교회의 복음 자체이신 예수 그리스도를 믿음으로 기독교회의 신앙이 이루어졌고, 다음으로 제자들과 사도들로 말미암아 계속적으로 기독교회의 복음이 전파되었으며, 그들은 성령의 감동으로 기독교회의 복음을 기록하였다. 이것이 그들이 전한 기독교회의 신앙이었다. 사도 후 기독교회의 교부들은 기록된 말씀을 통한 기독교회의 복음을 전하게 된 것이다.

폴리갑은 이와 같은 신앙적 인격이 형성되었다. 그는 스승인 사도 요한의 신앙과 생활양식까지 닮으려고 하였다. 그것은 사도 요한이 어디에 잘 앉았는가 또 어떤 모습을 하였는가, 어떤 이야기를 잘 하였는가 등이다. 그리고 폴리갑은 그의 신앙적 생활이 성경적이었다. 그는 기독교회의 성도들에게 인사를 하든지, 그들에게 편지를 쓰든지, 그 밖에 기독교회에 잠입해 들어온 거짓 무리들에게 글을 쓸 때까지 전부 성경 구절로 말하고 대답했다. 이것은 그가 쓴 빌립보 교회에 보내는 편지에서 잘 나타나는데, 이 편지에는 바울의 많은 편지와 베드로의 편지, 요한 서신 등의 내용이 들어 있다.

폴리갑은 기독교회의 복음을 전파하며 사도들의 신앙을 계승하다가 당시의 기독교를 핍박하는 로마 제국의 위정자(爲政者)에게 체포되어 순교하였다. 우리에게 전해진 폴리갑의 순교는 다음과 같다. 하루는 그가 어떤 성도 집에서 예배를 인도하고 있었는데, 로마 제국의 병정들이 급습하여 그를 붙잡아갔다. 그때에 폴리갑은 이것은 하나님의 뜻이라고 기도를 하였다. 그리고 재판을 받을 때 재판관이 폴리갑에게 심문하기를, "만일 예수 그리스도를 저주하면 그대를 놓아 주겠노라"고 했다. 그때 폴리갑은 재판관에게 대답하기를, "내가 68년간 예수 그리스도를 위하여 살아왔는데 어찌 나의 주를 모독하리요?"라고 했다. 결국 폴리갑은 화형의 선고를 받고 예수 그리스도의 복음을 위한 순교자가 되었다. 그가 화형을 당할 때 말하기를, "금세의 일시적인 불보다 내세의 영원한 불이 두려운 것을 알라. 속히 나를 태우라"고 했다. 그러나 불꽃이 폴리갑을 태우지 못하니 그들이 칼로 죽여 태웠다고 한다. 폴리갑의 순교의 해는 주후 155년경이다.

2. 이레니우스의 신앙과 기독교회

사도 후 기독교회의 신앙과 역사에 있어서 이레니우스(Irenaeus, A.D. 115~202)의 기독교회의 활동은 동방 기독교회와 서방 기독교회의 행정과 제도를 개혁하여 기독교회의 성장과 발전에 크게 공헌을 했다.

이레니우스의 생애와 역사

이레니우스는 주후 115년 소아시아에서 태어났으며 서머나 지방에서 살았다. 그는 스승인 폴리갑의 신앙을 본받았으며, 그와 함께 로마(Rome)에 간 적도 있다. 이레니우스는 기독교회의 전도자로서 지금의 프랑스 지방의 갈리아(Gallia)에서 사역을 하였고, 특히 주후 177년 리용(Lyons)과 비엔나(Vienne)의 기독교회 박해 시에 열심히 복음을 전파했다. 그리고 리용 지방을 기독교회의 성시화(聖市化)로 만들었다.

그 후 이레니우스는 로마로 돌아왔으며, 순교자 포티누스(Pothinus)의 뒤를 이어서 기독교회의 감독이 되었다. 그는 기독교회의 신앙적 전통에 큰 관심을 두었고, 스승인 폴리갑의 성경적 신앙을 본받았으며, 더 나아가서 사도 요한의 사도적 신앙을 따랐다. 뿐만 아니라 사도 후 기독교회에서 이단들의 발생으로 혼란을 초래하였을 때, 기독교회의 질서와 평화를 유지하는 데 전력을 다했으며 또한 기독교회의 성도들의 교육에 심혈을 기울였다.

우리가 아는 대로 이레니우스는 외유내강(外柔內剛)한 기독교회의 지도자로서 당시에 그리스 철학과 이교주의가 범람하여 신앙적 변질을 초래할 때 그는 기독교회의 복음의 단순성과 순수성에 강직했다. 이미 밝힌 대로 이레니우스는 소아시아 출신으로서 그의 활동은 서유럽의 라틴지역이었다. 그의 가장 큰 공헌은 그의 저서들이다. 그중에 지금까지 남아 있는 것은 「사도적 설교의 증명」(Proof of the Apostolic Preaching)과 「이단논박」(Adversus Haereses)이다. 전자는 신학적인 논쟁의 글이 아니고 일반 대중을 위한 기독교회의 신앙 원리를 설명한 것이다. 후자는 전 5권으로 되어 있는데 이것은 기독교회의 이단들은 비판한 저서로서, 제1권은 여러 이단들을 해설했고(Gnosticism, Valentinianism, Marcion), 제2권은 이단들에 대한 철학적, 논리적 논박을 전개했다. 제3권은 기독교회의 성경과 전통에 관한 기독교회의 교리를 언급했다. 그리고 제4권은 말시온을 비판했고, 제5권은 기독교회의 구속론과 종말론을 언급하였다.

이레니우스의 신앙과 전승(傳承)

이레니우스는 사도들로부터의 신앙적 전승, 성경의 권위, 교회의 신조 그리고 기독교회는 성령의 역사로 신앙이 보존되고 계승됨을 말하고 있다. 즉, 이레니우스는 성경은 사도들의 교훈을 성령의 감동으로 기록된 것으로 어느 시대나 모든 기독교회의 성도들에게 신앙의 기초와 기둥이 되는 것으로 간주했다.

여기에서 우리는 이레니우스의 신앙을 따르고 계승한 소아시아 기독교회의 지도자인 히폴리토스(Hippolytus, A.D. 165~235)를 잠깐 언급하려고 한다. 그는 당시 가장 학식이 많은 기독교회의 학자였다. 그의 주석, 역사 편찬, 변증, 그리고 이단 비판 등의 저서들은 유명하다. 이레니우스와 히폴리토스는 소아시아의 지역에서 사도 요한과 폴리갑의 신앙을 계승한 자들이다.

당시의 기독교회의 역사적 형편을 보면, 알렉산드리아(Alexandrisa) 지역에는 기독교회의 활동이 매우 컸다. 이 지방의 기독교회 지도자들은 판타이누스(Pantaenus, ?~190), 클레멘트(Flavius Clement, 155~220) 등이 사도 후 기독교회의 중추적인 지도자들이요 신학자들이었다. 반면에 서방 기독교회에 있어서는 터툴리안(Terulianus, 150~225), 키프리안(Cyprianus, 200~258) 그리고 암브로시우스(Ambrosius, 330~397) 등이 기독교회의 지도자들이며, 그들은 기독교회가 역사적 사건에 근거하여 삼위일체 하나님이 계시에 기인하여 역사적으로 기독교회가 전승된 것을 밝혔다.

이와 같이 사도 후 기독교회의 지역적 형성은 소아시아, 알렉산드리아 그리고 라틴 기독교회이며, 그들의 신앙과 역사적 흐름은 다음과 같다. 소아시아 기독교회 지도자들은 사도적 신앙의 전승에 있었고, 알렉산드리아 기독교회에서 중추적 역할을 한 사람들은 대부분이 그리스 철학의 영향을 힘입었고, 그들은 기독교회의 형이상학적(形而上學的) 진리를 해명하였다. 그리고 라틴 기독교회의 지도자들은 라틴어를 사용했고 법률, 정치 등에 조예가 깊고 기독교회의 역사성을 부여해주었다.

이레니우스는 이와 같이 사도 후 기독교회의 변천과 신앙이 원숙함에 있을 때 동방 기독교회와 서방 기독교회들의 조화를 이룩하였다. 여기에 대해서 기독교회의 역사가 샤프(P. Schaff)는 말하기를, "이레니우스의 위치는 기독교회의 무게를 더욱 증가시켰다. 왜냐하면 그의 일생은 그의 선생과 그의 선생의 신앙을 추적했기 때문이다. 즉 기독교회의 근원과 연결되는 신앙이었기 때문이다"라고 했다. 이것은 이레니우스가 폴리갑과 사도 요한의 신앙적 감화를 크게 받았다는 것을 입증해 준다.

또한 파렐(Farel)이 언급한 대로 "주후 177년 마르쿠스 아우렐리우스 시대의 박해 중에서 순교한 리용의 감독 포티누스의 후계자, 이레니우스는 기독교회의 목회자요 전도자이며 그리고 문서활동에 크게 이바지했고, 기독교회 안에 일어난 이단들을 논박하고, 그들이 기독교회 안에서 새롭기를 바랐다"고 했다. 이것은 이레니우스가 기독교회의 사도적 전통 신앙을 계승하고, 이를 체계적으로 기독교회에 가르치며, 기독교회의 신앙의 행정과 제도를 새롭게 한 것을 의미해주고 있다. 그는 사도 후 기독교회의 신앙과 교회의 평화를 위해 최선을 변증과 변호를 했으며, 기독교회의 신앙과 제도에 길잡이를 했고, 주후 202년경에 세상을 떠났다.

3. 사도 후 기독교회의 이단과 분파의 역사

기독교회는 초기부터 지금까지 밖으로 유대교와 로마 제국의 박해와 핍박을 받았고, 주후 2세기부터는 기독교회 안에서 발생한 각종 이단 종파들로부터 도전을 받았다. 그것은 기독교회의 복음을 로마의 문화권에서 이해하고 곡해한 데서 일어난 것이다. 그 가운데는 유대인의 곡해, 이방인의 이단종파 그리고 기독교회의 여러 분파(Sects)들이 있다.

기독교회에 대한 유대인들의 곡해(曲解)

기독교회의 복음은 예수 그리스도의 시대부터 오늘날까지 유대인들에게 곡해를 당하고 있다. 그것은 그들이 아직까지 예수 그리스도를 오신 메시아로 영접하지 않기 때문이다. 주후 2세기에 로마 제국은 기독교회를 유대교의 한 종파로 생각하였다. 그러나 기독교회와 유대교가 전혀 다르며, 기독교회만이 유일한 신앙과 생활을 갖고 있는 것을 알게 되었다. 많은 유대인들이 예수 그리스도를 신봉하며 기독교회의 성도들이 되었다. 반면에 그들 중에는 기독교회의 복음을 유대교적으로 이해하는 집단들이 있었으니 곧 나사렛파(The Nazarenes), 에비온파(The Ebionites) 그리고 엘케사이파(The Elkesaites) 등이다.

나사렛파는 기독교회의 복음을 받아들인 유대인 기독교회 성도들로서, 그들은 히브리어 마태복음만을 사용하고, 사도 바울을 진정한 기독교회의 사도로 인정하고, 예수 그리스도의 신성(神性)과 동정녀 탄생을 믿었다. 그러나 나사렛파는 율법을 엄격히 준수하고 의식주의를 높이 평가하여 역사적 기독교회와는 이질적인 경향을 띠고 기독교회에서 이탈하였다. 그 후 그들의 잔존은 없어졌다.

에비온파는 사도 바울을 유대교의 반역자로 간주하며, 그의 사도직을 인정하지 않는다. 또한 예수 그리스도의 신성과 동정녀 탄생을 부인하며, 그의 수난과 사망, 부활과 승천 등을 믿지 않는다. 에비온파는 유대인 기독교회 집단으로서 모든 기독교회의 성도들은 할례를 받아야 한다고 주장한다. 또한 예수 그리스도는 율법을 잘 준수한 분이며, 그의 율법적 경건 때문에 메시아로 자처한 사람이라고 하며, 세례 요한에게 세례를 받을 때 메시아로 인식을 하였다고 한다. 더욱이 그의 교훈에 많은 무리가 따르므로 확신했다는 것이다. 이와 같이 그들은 기독교회의 복음을 곡해했고 기독교회에서 이탈하였다. 그러므로 그들은 유대교의 분파이며 또한 기독교회의 이단종파이다.

엘케사이파는 접신적(接神的) 신앙을 가지며, 금욕주의와 고행주의(苦行主義)를 주장하는 기독교회의 유대인 집단이다. 그들은 예수 그리스도의 동정녀 탄생을 부인하며, 그는 우리와 같은 인간적 혈통을 갖고 출생했다고 한다. 또한 그들은 자주 세척의식(洗滌意識)을 행하였는데, 그것은 접신적 청결과 화목적인 의미가 있다고 믿었기 때문이다. 자연히 그들 사이에는 접신적 행위와 점성술이 흔했고, 율법을 준수함으로써 자신의 수양을 닦고 인간적인 극기를 극복했다고 했다. 그러므로 그들은 기독교회의 복음을 곡해한 것이다.

이와 같이 유대인 기독교회의 성도들 사이에 예수 그리스도와 기독교회의 복음을 잘못 이해하기도 하였다. 여기에는 기독교회와 유대교 사이에서 생기는 하나의 공백(空白)에서 일어난 것이다. 그리고 자기들의 집단만이 신적 유일한 기관으로 간주하여 이탈과 분파를 조성한 것이다. 그러나 그들의 존재는 일시적인 것이었고 기독교회로부터 얼마 못 가서 없어졌으며, 유대교에도 흡수되기도 하였다.

기독교회에 대한 이방인(異邦人)들의 곡해

기독교회의 복음은 예수 그리스도로부터 시작하여 그의 제자들과 사도들이 전파하였다. 그리고 사도 후 기독교회의 교부들에 의해서 더욱 기독교회의 신앙과 역사가 형성된 것이다. 반면에 기독교회의 복음이 이방 문화와의 접촉점을 가지므로 기독교회의 복음을 그들의 문화적 입장에서 이해하는 사례가 생겼다. 곧 그노시스주의(Gnositicism), 마르키온주의(Marcionism) 그리고 몬타누스주의(Montanism) 등이다.

그노시스주의는 저스틴의 『변증서』에 의하면 시몬 마거스(Simon Magus)가 만들어낸 기독교회의 혼합주의(混合主義)이다. 그들의 기원은 잘 알 수 없으나 일반적으로 그노시스주의가 사토르닐루스(Satornilus), 알렉산드리아의 바실리데스(Basilides) 그리고 로마의 발렌티누스(Valentinus) 등에 의해서 크게 이룩된 기독교회의 이방인 단체이다.

사토르닐루스는 안디옥 사람으로서 기독교회의 복음을 자신의 지식과 사상적 바탕에서 이해하였다. 그는 말하기를, "신은 알 수 없는 아버지이다. 그는 부리는 천사들을 가지고 있고, 세계는 이 천사에 의해서 만들어졌으며, 유대인의 신은 천사 중의 하나이다"라고 했다. 그리고 예수 그리스도는 신이 보낸 아이온(Aeon)이요, 그는 실존(實存)하지 않고, 그의 임무는 영적 구원을 시키고자 하는 천사라는 것이다. 그러나 이것은 당시에 혼란한 정신세계에 어떤 돌파구를 주기 위해서 기독교회의 복음을 인간의 요구에 적응시키며 또한 세상 지혜와 조화시켜 그것을 환상적 우주의 신앙으로 이끌어간 것을 말한다.

또한 알렉산드리아의 바실리데스는 말하기를, "신은 우주의 씨를 낳고 이 씨에서 세 아들이 나왔고, 그들은 천상과 우주, 세계와 자연 그리고 인간들에게 사역한다"고 했다. 이것은 환상적 우주창조론(宇宙創造論)으로서 일종의 범신론(汎神論)이요, 동방의 신비사상을 기독교회의 복음에 혼합시킨 것에 불과하다.

그노시스주의자인 로마 발레티누스는 주장하기를, "천지의 근원은 '무'(無)가 아니고, 하나의 '깊음'이라 했다. 여기에서 음과 양이 있게 되며, 이(理)와 상(想)이 있다"고 했다. 그리고 여기에서 말씀과 생명이 나와서 인간과 교회가 생겼다고 했다. 또한 여기에서 수많은 아이온이 나오고, 그것은 프레로마(Pleroma)가 되고, 여기에서 아쉬아노드(Ashanoth), 곧 지혜가 되었다고 한다. 이 지혜가 그리스도를 낳았다는 것이다.

이상에서 보는 대로 그노시스주의는 유대교주의에 뿌리박고 있었으며, 나중에는 유대교적 요소와 기독교회의 교리 그리고 이교사상의 신비주의적인 것 등을 혼합시킨 것이다. 그들은 주후 3세기까지는 번성하였으나 얼마 못 가서 자취를 감추어버렸다. 그러나 그노시스주의가 기독교회에 끼친 악영향은 컸다. 그들은 신적 지식과 신비적 의식을 통해서 신앙과 생활의 원리를 주장하였기 때문이다.

다음으로 말시온주의는 말시온에 의해서 형성된 것으로 그는 유대교주의에 대한 개혁을 부르짖었고, 나중에는 기독교회에까지 어떤 새로운 시도를 일으켰던 기독교회의 이단자(異端者)이다. 그는 시노피(Synope)의 폰터스(Pontus) 출신으로 부유한 가정에서 자랐으며 청년 시절에는 방탕하여 칠계를 범하였다. 그는 139년에 로마에 갔으며 기독교회의 복음을 받고, 자기 나름대로의 기독교회 운동을 하였다. 그는 주후 144년부터 기독교회의 복음이 유대교의 율법으로 말미암아 혼합되어 부패하였다고 했고, 율법과 복음을 분리시키고 구약의 신과 신약의 그리스도가 동일신이 아니라고 했다. 다시 말하면 그는 구약을 반대하고 신약의 행위를 반대하는 신앙을 강조한 것이다. 이것은 겉으로 보면 사도 바울의 신앙과 사상을 따르는 것처럼 보인다. 그러나 그는 전연 다른 기독교회 운동을 전개하였고 말시온주의는 당시의 동방에 많이 번졌다.

말시온은 사도 바울만이 진정한 기독교회의 사도이며, 그 외는 전부 유대교의 사도로 간주했고 바울 서신과 누가복음을 한데 모아서 정경을 편찬하기도 했다. 그러나 그는 구약의 하나님을 반대하였고 예수 그리스도의 성육신을 부인한 것이다. 그리고 그는 신앙과 사상적 이원론(二元論)에 빠졌고, 기독교회의 복음을 상대적 원리에서 해석을 시도했던 것이다.

끝으로 몬타누스주의는 소아시아 브루기아(Phrygia)의 알다보아(Ardaboa) 출신의 몬타누스(Montanus)에 의해서 형성된 기독교회의 비성경적 성령주의이다. 그는 과거에 키벨레(Cybele)의 신비 종교 사제(司祭)였다. 그 후 156년경에 기독교회로 전향하였고, 새로운 기독교회의 복음을 전했다. 그것은 자신이 성령이라는 것이다. 그러므로 성령(聖靈)을 받으려면 자신을 통하여야 하고 또 세상의 끝날이 얼마 남지 않았으니 새 예루살렘 브루기아(Phrygia)에 피신하라고 했다. 그리고 그는 그의 두 여자 제자인 프리스가(Prisace)와 맥시밀러(Maxmillia)에게 성령을 안수(按手)로써 주고 자기를 선전케 했다.

이것은 당시의 기독교회가 신앙적 박해를 받고 신앙적 미온 상태에 있을 때에 종말의식을 고취하고 성령의 체험적 은사를 강조하는 데서 발생했다. 그리고 율법적 금욕주의를 부르짖고, 신약의 요한복음을 더 많이 탐독하고 애용한 것이다.

몬타누스주의는 광적 신비주의로서 신적 계시의 직접성을 강조했으며 더 나아가서 자신을 제3위 성령이라 자처하고, 포교를 했다. 그러나 그들의 활동은 동방의 일부 지역에 국한되었고 역사적 기독교회는 몬타누스주의를 반대하고, 그들을 기독교회의 이단으로 정죄(定罪)하였다.

기독교회의 분파와 동방종교(東方宗敎)

사도 후 기독교회는 독특하게 동방과 서방 지역으로 나뉘어졌고, 자연히 기독교회의 중심지 역시 사도들이 활동했던 지역의 기독교회가 되었다. 그리고 기독교회의 감독들은 사도적 권위를 수반하게 되었다. 당시의 기독교회는 로마 제국과 유대교의 박해를 받고 기독교회의 신앙을 저버린 지도자들과 성도들이 많이 있었다. 그들은 그 후에 다시 회개하고 모교회로 돌아왔다. 그러나 그들에 대한 기독교회의 태도는 강경파와 온건파들이 있었고, 여기에 지역감정과 인간적인 요소들이 부합되어 기독교회는 많은 분파가 생겼다. 엄밀한 말해서 그들은 역사적 기독교회의 이단종파인 것이다. 그 중에 로마의 감독 칼리스투스(Callistus, A.D. 217~222)는 당시의 기독교회에서 용서받을 수 없는 죄에 대해서 온건적 입장을 취했다.

즉 '일상생활에 있어서 성도들의 칠계(七戒)와 박해시의 신앙을 부인하고 배교하는 죄'에 대해서 그는 다시 회개할 기회를 허용하는 새로운 기독교회의 제도를 설정했다. 그것도 자신이 로마 교회의 감독 권위로서이며, 이것은 그가 전체 기독교회의 감독이라는 자신적 권위를 갖는 데 있었다.

반면에 노바시아노파(Novatians)는 로마 감독 칼리스투스의 기독교회의 온건적 정책에 반대하고, 기독교회는 신앙의 순결을 지키는 자들의 공동체라고 강력히 주장했다. 그리고 그들은 기독교회에서 다시는 용서받을 수 없는 죄에 대해서 강경한 태도를 취했다. 즉 '살인, 우상숭배, 박해시의 배교, 그리고 칠계' 등이다. 그는 당시의 상이한 기독교회의 제도하에서 신앙생활을 한 무리들이 자기의 관할 교회에 오면 재세례를 받게 했고, 로마 감독에 대한 새로운 감독 세우기를 선동하였다.

도나투스파(Donatus, ?~355) 역시 기독교회의 순결을 강력히 주장하는 극단적인 기독교회의 분파였다. 그는 카르타고의 부감독인 체칠리아노(Caecilian)를 감독으로 선출하는 데 적극 반대하였다. 왜냐하면 체칠리아노는 디오클레티아누스(Diocletian) 황제 치하의 박해시 기독교회의 신앙을 배교한 무리들을 다시 받아들인 것 때문이다. 그는 주장하기를, "감독은 사도들과 같이 성결한 사람이어야 하며, 기독교회에 배교자들의 재입교는 혼란을 초래할 수 없다"는 것이다.

이와 같이 기독교회는 신앙생활의 방법에서 서로 통일성을 갖지 못하고 서로 분파를 형성하였고, 나중에는 기독교회의 교리에까지 영향을 미치게 되었다.

그 밖에 사도 후 기독교회는 동방종교의 도전을 받았다. 그것은 주후 3세기에 로마의 동부에서 일어난 마니교(Manichaeism)이다. 마니교의 시조는 마니(Mani, 216~276)로서 그는 216년에 페르시아의 귀족의 아들로 태어났다. 그리고 그에게 생의 변화는 사춘기(思春期)

때였다. 즉 19세 때에 그는 신적 계시를 받았다는 것이다. 그후 마니는 자신적 수양과 견문을 쌓기 위해서 인도와 중국에 여행을 했다. 거기에서 새로운 신앙세계를 터득하고, 귀국하여 자신의 원리를 포교하였다.

그의 원리는 세계가 광명(光名)과 흑암(黑暗)의 투쟁이며, 인간은 흑암의 권세자가 광명의 나라에 침입한 결과로 존재하였다는 것이다. 그리고 흑암 속의 광명을 가두기 위하여 인간의 생활이 전개되었다고 한다. 인간의 본향은 자신적 해탈로 광명의 나라에 가는 것이라 한다. 이것은 자신적 고행과 금욕이며, 육체를 정복한 것이라고 말한다.

마니교의 원리 중에 입, 손 그리고 가슴의 인봉(印封)이라는 것이 있다. 그것은 언행, 악한 일 그리고 정욕 등의 억제 수단을 뜻한다. 마니교는 초대 기독교회와 같이 심한 박해를 받으면서도 메소포타미아, 시리아, 이집트, 북아프리카, 스페인 등에 포교가 되었고 주후 13세기까지 그들의 명맥을 유지했다. 그러나 마니교는 페르시아의 이원론에 기초한 동양의 미신적 신앙과 인간의 고행주의, 조로아스터(Zoroaster)교, 불교 그리고 유대교 등의 원리를 혼합한 신비주의인 것이다. 이와 같은 마니교가 기독교회의 지역에 포교되므로 그들은 기독교회의 영향을 받고, 기독교회적인 교리를 자기들의 원리에 부합시켰다. 그러므로 당시의 기독교회는 크게 그들에게 미혹을 받았던 것이다. 그러나 기독교회의 복음은 불변성(不變性)을 갖고 있어 조금도 동요되지 않았다.

또 하나의 이교주의(異敎主義)는 신플라톤주의(Neoplatonism)이다. 신플라톤주의는 사카스(Ammonius Saccas, ?~245)가 알렉산드리아에서 창설한 것으로, 주후 244년경에 로마에 이주(移住)한 플로티누스(Plotinus, 205~270)가 본격적으로 발전시켰다. 그리고 폴피리(Porphyry, 232~303)가 계승한 것이다.

신플라톤주의는 플라톤(Plato)의 사상을 범신적 신비주의적으로 해석한 것이다. 즉 "신은 절대 순수하고 완전한 존재이고, 그에게서 모든 하급 존재가 유출해 나온다"는 것이다. 그리고 "신에게서 누스(Nous)가 나오고, 누스에서 세계정신이 나오고, 세계정신에서 인간의 이성과 물질세계가 형성된다"는 것이다. 이들은 금욕주의적 생활을 하며, 인간의 정신은 신비적인 묵상 가운데서 신과 연합되고, 이것이 근원이라고 했다.

사도 후 기독교회는 자체의 내부와 외적인 핍박, 이방신교주의 등으로 신앙적 신학적 난관을 가졌다. 그러나 기독교회의 신앙과 역사는 사도적 교훈과 신앙을 가졌고, 신앙과 생활의 규범인 성경의 권위를 준수했다.

4. 사도 후 기독교회의 예배와 생활

초대 기독교회의 예배(禮拜)와 생활(生活)은 일반적으로 단순하였고 신앙적인 큰 문제가 일어나지 않았다. 그러나 사도 후 기독교회에 서는 기독교회의 질서와 복음의 순수성을 지키기 위해서 좀 더 제도적이었다. 예배에 있어서 일주일의 첫날, 곧 '주의 날'인 일요일에 공식적인 예배를 드렸고, 수요일과 금요일은 금식을 하였으며 그리고 1년 중 가장 큰 절기로 부활주일을 지켰다.

그 밖에 예배 모범에 있어서 초대 기독교회는 기도와 사도들의 교훈, 성도들의 친교 그리고 성만찬을 행했으나, 사도 후 기독교회는 찬송을 부르는 것과 성경의 말씀을 통한 설교가 있었다. 또한 새로 교회에 입교한 자들을 일정한 교육을 받고 세례를 받게 했으며, 성찬에 참여시켰다.

특별히 세례는 기독교회에 들어오는 예식으로 간주했는데, 이것은 예수 그리스도와 새로운 관계를 맺으며 그의 죽음과 부활에 동참한 것으로 여겼다. 세례의 방도는 처음에는 온몸을 물에 잠그는 방법을 취했으나, 이것은 하나의 의식이므로 사도들의 교훈을 따라서 성부, 성자 그리고 성령의 이름으로 흐르는 시냇물에서 주기도 했고, 나중에는 삼위일체의 이름으로 머리 위에 물을 세 번 뿌리는 것으로 행하였다. 기독교회의 성만찬은 예배의 일부로 간주했고, 세례를 받은 성도들만이 참여케 했으며, 그중에 부정한 성도는 성만찬 참여를 못하게 했다. 왜냐하면 이것은 예수 그리스도의 죽음과 그의 은혜를 기념하는 거룩한 의식을 저해하기 때문이었다. 사도 후 기독교회의 일부에서는 이미 성만찬 때에 예수 그리스도께서 친히 임재(臨在)하고, 성도는 이 예식을 통해서만 예수 그리스도와 연합된다고 했다.

이와 같이 사도 후 기독교회는 예배에 있어서 점차적인 발전을 가져왔고, 또한 기독교회와 감독은 교회를 치리하고 예배를 전담하게 되었다. 감독 중에는 로마 감독이 제 일인자로 등장하기 시작했다. 그러나 키프리안(Cyprian)은 기독교회의 감독권의 동등성을 주장했다. 당시의 기독교회는 감독과 장로, 집사 그리고 일반 성도 등으로 교회 봉사의 제도를 가졌다.

사도 후 기독교회의 생활면을 보면 특이한 양상이 나타났다. 로마 제국으로부터의 심한 박해와 기독교회의 이단종파들의 발생으로 신앙생활이 강화되었다. 로마 제국은 당대의 세계적 국가로서 정치, 경제, 군사 종교 등 모든 문화의 영역에서 주도권을 장악했다. 그러나 로마 제국도 세월이 지나감에 따라서 인구는 급격히 줄어들고, 과중한 세금 때문에 상공업(商工業)은 몰락되고, 군대가 정치를 간섭하게 되고, 민심은 각박하게 되었다. 반면에 기독교회는 그리스어를 쓰는 지역에서 라틴어를 쓰는 나라까지 전파되고, 점차적으로 당시의 상류층에도 깊이 영향을 주었다. 자연히 로마 제국은 간접적인 위축을 받게 되었고, 그들은 국위와 고대 문화를 재건한다는 명목으로 맨 먼저 기독교회를 잔멸시키는 일을 했다. 그중에 데시우스(Decius, 249~251) 황제는 기독교회에 대한 핍박의 칙령(勅令)을 내렸다. 그들의 박해 이유는 로마 제국 안에서 새로운 기독교회의 나라를 세우고 있다는 것이요, 옛날 로마 제국이 자기들의 신을 섬길 때는 국가가 발전했으나 기독교회가 들어와서는 국가가 쇠퇴해진다는 것이었다. 그리고 기독교회는 자식을 잡아먹는 의식을 행한다고 거짓 주장을 하고, 모자(母子)간에 결혼을 하는 사교(邪敎)라는 것이다. 또한 로마 제국의 재해(災害)는 전부 기독교회의 탓으로 신의 노여움을 받기 때문이라는 것이다.

그 밖에 황제 예배 반대, 비밀 결사대 조직, 유대교의 지도자들의 모략 등 갖가지 박해 이유를 내세웠다. 이와 같은 처절한 박해시에 기독교회는 신앙 고수와 복음의 유일성을 변증하기 위해 지하 생활을 했고, 사자의 밥이 되기도 했으며, 화형을 당하기도 했다. 그럼에도 불구하고 기독교회는 더욱 사랑과 순결의 신앙생활을 계속 했고 순교자들이 많이 생겼다.

사도 후 기독교회는 이단종파들의 발흥으로 사도들의 교훈의 강령(綱領)을 만들었다. 이것이 사도신경(使徒信經)이다.

"전능하신 하나님 아버지와 그 외아들 우리 주 예수 그리스도를 믿사오니, 그는 성령으로 동정녀 마리아에게서 나셨으며 본디오 빌라도에게 십자가에 못 박혀 장사되었다가 제 3일 만에 죽은 자 가운데서 일어나사 하늘에 오르시어 아버지의 우편에 앉아 계시며, 거기에서 산 자와 죽은 자를 심판하러 오시리라. 내가 성령과 거룩한 교회와 교통하는 것과 죄를 사하여 주시는 것과 몸이 다시 사는 것을 믿사옵나이다."

이와 같이 사도들의 교훈을 집약하여 하나의 신앙고백 형태로 신앙과 생활의 규범을 만들었다. 이것은 기독교회의 복음의 유일성을 의미하는 것이며, 역사적 기독교회의 신앙적 전승을 뜻하기도 한다. 그리고 신약성경도 기독교회의 경전(Canon)으로 이때에 형성되었다. 이와 같이 사도 후 기독교회의 예배와 생활은 제도적인 면이 있었고, 순교자적인 신앙생활을 영위했고, 신앙고백적인 규범을 가졌다.

5. 니케아 회의와 기독교회의 신앙

기독교회의 신앙과 역사에 있어서 콘스탄티누스(Constantinus) 대제가 기독교회를 공인한 주후 313년부터 그레고리(Gregory) 1세가 즉위한 직후 590년까지를 기독교회의 니케아(Nicea) 회의 시대라고 할 수 있다. 지금까지는 기독교회가 로마 제국의 박해를 받았지만, 콘스탄티누스 대제가 밀라노 칙령을 내려서 기독교회의 신앙의 자유를 주었다. 그러나 기독교회는 아타나시우스(Athanasius)로부터 어거스틴(Augustine)까지 신앙적 논쟁이 계속되었다. 그리하여 당시의 기독교회는 니케아 회의를 비롯하여 수차례의 세계 기독교회의 회의를 소집하여 기독교회의 교리를 확정하였다. 그중에 삼위일체 교리의 논쟁과 니케아 회의, 예수 그리스도의 2성(二姓) 교리의 논쟁과 콘스탄티노플 회의, 예수 그리스도의 인격 교리 논쟁과 에베소 회의 그리고 예수 그리스도의 일성론(Monophysitism)의 교리와 칼케돈 회의, 그 후 일의론(一意論, Monothelitism)의 논쟁과 콘스탄티노플 회의 등이 있었다. 이상에서 보는 대로 모든 세계 기독교회의 회의는 예수 그리스도에 관한 신앙과 신학적인 논쟁이었다.

그러므로 이 시대는 기독교회의 신앙에 있어서 하나의 역사적인 금자탑(金子塔)을 세운 때였다. 그리고 이것은 기독교회가 지금까지 내려온 신앙과 역사에 대한 올바른 교리를 형성한 것이요, 기독교회가 일인 감독 중심의 기독교회의 행정에서 민주적 다수의 교회 행정으로 전환된 것을 보여주고 있다. 뿐만 아니라 니케아 시대의 기독교회는 기독교회의 세속화에 대한 반동으로 수도원 제도가 생겼고, 성도들의 금욕주의적인 경건주의가 싹트기 시작했다. 반면에 로마 제국은 쇠퇴하여지고, 북방의 게르만 민족의 침입이 있었다. 여기에서 기독교회는 새로운 신앙과 역사를 수립하게 되었다. 그리고 중세 기독교회의 신앙과 역사가 전개되는 것이다.

이제 니케아 시대의 기독교회의 신앙을 기독교회의 회의에 따라서 언급하고자 한다.

삼위일체(三位一體) 교리의 논쟁과 니케아 회의

초대 기독교회는 삼위일체 교리에 의해서, 예수 그리스도는 성부 하나님과 함께 영원히 계셨고, 신적 본체(神的本體)를 갖고 있었으나, 성부 하나님께 예속한 것으로 믿었다. 그리고 성령 하나님은 구속사업과 관련시켜서 성도의 마음과 생활에 역사하는 것이라고 믿었다. 터툴리안(Tertullian)은 하나님의 세 인격을 최초로 말했으며, 그는 세 인격의 실질적 통일성을 주장했다. 그러나 일부 기독교회에서는 단일신론(Monarchianism)을 주장했다. 즉 하나님의 아들은 비인격적(非人格的)인 속성으로서 그는 실제 하나님과 일체(一體) 되신 분이 아니라는 것이다. 이 설은 동방 기독교회에서 크게 대두되었고, 안디옥의 감독 사모사타의 바울(Paul od Samosata, 260~272)이 주장했다. 그러나 터툴리안과 히폴리토스(Hippolytus, 165~235)가 성자 하나님은 성부 하나님과 같은 본체(本體)임을 변증했다.

이와 같이 기독교회의 삼위일체 교리가 불분명한 상태에서 알렉산드리아의 장로인 아리우스(Arius, ?~336)와 알렉산더(Alexander, ?~328) 감독의 수행원 아타나시우스(Athanasius, 296~373)와의 논쟁이 최고 절정에 달했다. 안디옥의 루키아누스(Lucianus, ?~312)가 사모사타의 바울의 제자로서, 성자 하나님을 성부 하나님이 낳았고, 처음에는 존재하지 않다가 창조함을 받았다고 주장했다. 그의 제자인 아리우스는 스스로의 원리에 찬동을 하였고 또한 오리겐의 영향을 받았다. 그는 '예수 그리스도는 피조물'이라고 했으며, '예수 그리스도는 하나님의 본질(Homoousios, one Substance)과 동등하지 않고 유사(Homoi ousios like Substance)하다'고 했다. 반면에 알렉산더 감독은 아리우스설을 정죄하였다.

 이와 같이 기독교회가 신앙적 논쟁과 분열의 위기에 처해 있을 때에 콘스탄틴 황제는 주후 325년 5월에 제국의 모든 감독들을 소아시아 북방 비두니아의 니케아에 모이게 했다. 약 20명 내외였고, 서방 감독들은 거리가 멀고 언어적 장벽 때문에 약 10명 이내였다. 그리고 대부분은 유세비우스파(Eusebius of Casarea)였다. 역사적 기독교회의 회의는 콘스탄틴 대제의 참석과 유세비우스의 사회로 시작하였다. 물론 회의 주제는 삼위일체 교리였다. 아리우스는 '예수 그리스도는 피조물이다. 다만 영원성이 없는 최고의 존재자요, 하나님과 예수 그리스도는 본질이 비슷할(Homoi ousios, like substance)뿐이요, 동일한(Homo ousios, one Substance) 것은 아니다'라고 했다. 그러나 여기에 대해서 알렉산더 감독의 수행원이요, 대집사인 아타나시우스가 그의 신앙과 성격의 논리로써 회의의 대세를 전환시켰다. 그는 '예수 그리스도는 성부 하나님과 동질'(Homo ousios, one Substance)이라고 했다. 결국 아리우스파는 정죄되고 니케아 신조가 작성되었다.

 "우리는 한 분 하나님, 아버지, 전능자, 보이는 것과 보이지 않는 모든 것을 만드신 자를 믿는다. 또한 한 분 주 예수 그리스도를 믿으니, 이는 아버지로부터 특유하게 나시었다. 즉 아버지의 본질로부터 나신 하나님으로부터의 하나님이시요, 빛으로부터의 빛이시오, 참 하나님으로부터의 참 하나님으로서 출생하시되, 만들어지지는 아니하시었고 아버지와 동일본질(同一本質)이시다. 하늘에 있는 것이나 땅에 있는 것이나 모든 것이 다 그를 통하여 만들어졌다. 그는 우리 인간들을 위하여 그리고 우리의 구원을 위하여 내려오시고 성육신하시고 사람이 되시었다. 그는 고난을 받으시고 사흘 만에 다시 살아나시사 하늘에 오르시었고, 산 자와 죽은 자를 심판하시기 위하여 오실 것이다. 우리는 성령을 믿는다."

여기에서 우리는 니케아 회의의 결정으로 기독교회의 삼위일체 교리 논쟁이 끝나는 것이 아니라 그 후 계속됨을 본다. 그것은 기독교회의 회의가 당시의 황제들의 정치적 판도가 바꾸어짐에 따라 항상 형세가 변하였기 때문이다. 기독교회의 신앙은 터툴리안의 감화를 받은 아타나시우스의 교리는 서방교회에, 오리겐의 영향을 받은 아리우스 원리는 동방교회에 퍼지게 되었다.

그리고 삼위일체 교리의 논쟁은 예수 그리스도의 양성(兩性)교리 문제로 연속되었다. 니케아 회의는 예수 그리스도의 하나님과의 동일본질성에 대한 논쟁의 결정이었으나 다음으로 예수 그리스도의 신성과 인성의 문제가 대두되었다.

예수 그리스도의 양성(兩性) 논쟁과 콘스탄티노플 회의

초대 기독교회 이후 예수 그리스도의 신성(神性)과 인성(人性)에 대한 논쟁이 계속되었다. 에비온파(Ebionites), 알로기파(Alogi), 동력적 단일신론파(Dynamic Monarchins) 등은 예수 그리스도의 신성(神性)을 부정하였고, 도게데파(Docetae), 그노시스파(Gnostics), 양식적 단일신론파(Modalists Monarchians) 등은 예수 그리스도의 인성(人性)을 거부하였다.

또한 아리우스파는 예수 그리스도 안에 성육신(成肉身)한 성자 예수 그리스도는 절대적 신격을 소유하였다는 것을 부인했고, 반면에 라오디게아의 감독 아폴리나리우스(Apollinarius of Laodicea, 310~390)는 예수 그리스도의 참되고 정당한 인성을 부정하였다. 그는 플라톤의 영향을 입어 인간은 몸(Body), 마음(Soul), 영(Spirit)으로 되었다고 믿고, 예수 그리스도는 하나님의 로고스가 인간의 영을 대신하여 로고스와 마음과 몸으로써 하나님의 인격을 이루었다고 주장했다.

세 사람의 갑바도기아인, 나지안저스의 그레고리(Gregory of Nazianzus, 330~389), 가이사랴의 바실(Vasil of Caesarea, 330~379), 그리고 나사의 그레고리(Gregory of Nyssa, 335~395) 등은 기독교회의 정통신앙을 주장하고, 아폴리나리우스의 원리를 비판했다. 여기에 힐라리(Hillary of Poitiers, 315~368)도 동조하여, 만일 예수 그리스도가 완전한 인성을 취하지 못하였다면 그는 우리의 완전한 구속주가 될 수 없었을 것이라고 주장하였다. 그리고 아폴리나리우스의 원리는 환상적 요소가 있다고 비판했다.

이 논쟁을 해결하기 위하여 테오도시우스(Theodosius) 황제는 주후 381년에 기독교회의 회의를 콘스탄티노플에 소집하였다. 여기서 아폴리나리우스의 주장은 부인되었다. 그들의 원리는 그의 철학적 이론과 사색적 기교에 너무 치우쳤으며, 오리겐의 성육신설과 아리스토텔레스의 영혼선재설 등의 영향을 입은 결과로 빚어졌기 때문이다. 즉 그는 인간에게 있어서의 이성(Nous)의 자리에 로고스를 차지하게 함으로써, 불안전한 인성을 예수 그리스도에게 돌리게 된 결과를 가져왔기 때문이다. 그러므로 기독교회는 예수 그리스도의 인성을 부인하는 아폴리나리우스의 주장을 이단(異端)으로 정죄하였다.

예수 그리스도의 신인(神人) 양성의 논쟁과 에베소 회의

기독교회의 예수 그리스도의 신인(神人) 양성의 관계에 대한 신앙과 신학적인 논쟁은 안디옥 신학을 대표하는 네스토리우스(Nestorius)와 알렉산드리아의 신학을 대표한 시릴(Cyril of Alexandria ?~444) 사이에 있었다. 이 논쟁의 시초는 안디옥파의 테오도르(Theodore of Mopsuestia, C. 350~428)가 예수 그리스도의 완전한 인성과 그의 인간적 경험의 완전한 실제성에서 신인 양성의 관계를 말했다. 즉 예수 그리스도는 실제적으로 인간적인 정욕과 싸우시고 유혹의 고통을 경험하셔서 결국에는 승리에 이르렀다는 것이다. 그리고 그는 설명하기를 예수 그리스도 안에 로고스의 본질적 내재를 부인하고 단순한 도덕적 내재만을 인정하였다.

테오도르의 원리는 그의 제자인 네스토리우스에게서 다시 재현되었다. 그는 인간 마리아에게서 난 것은 인간이고 신성은 아니라고 했으며, 그는 하나님이신 말씀의 인격으로 신성과 결합되었다고 했다. 그리고 마리아에게서 난 그가 이와 같이 신성과 결합되어 있는 것을 보아 마리아를 테오토코스(Theotoks, 神母)라고 부를 수 있다고 했다. 그러나 마리아에게서 난 인간성과 관련하여, 즉 직접적인 의미에서 마리아를 테오토코스라고 불러서는 안 된다고 했다.

이것은 그가 마리아에게서 난 자를 처음에는 단순한 인간으로 본 것이요, 다음에는 하나님이신 말씀을 또 별도로 생각한 것이다. 그러므로 그에게 있어서는 예수 그리스도의 양성을 두 인격으로 본 것이다. 이것이 네스토리우스의 이단적 원리가 되었다. 다시 말하면 네스토리우스주의는 예수 그리스도의 양성 교리에서가 아니라 한 인격의 교리에서 불완전한 것이다. 즉 예수 그리스도의 신상과 인성의 통일을 형성하며, 동시에 단인일격(單一人格)을 구성하는데 못 미친 것이다.

반면에 알렉산드리아파는 마리아를 테오토코스라고 불렀다. 여기에 네스토리우스가 반대한 것이다. 알렉산드리아의 신학을 대표한 시릴은 예수 그리스도의 신앙 양성의 관계를 '말씀이 성육하신 한 품격'으로 설명하였다. 즉 그는 인간 예수이기 전에 구주 예수시며, 영원하신 하나님으로서의 성자 하나님이시며, 우리를 위하여 자기를 성육신하였다고 했다. 그리고 예수 그리스도의 신성에 있어서, 그는 하나님의 품격이 그대로 변치 않으시고 동일한 인격으로서 육신을 입으셨다고 했다. 성육신으로 그의 동일성이 변한 것은 아니라는 것이다. 그러므로 예수 그리스도는 참 하나님이며 참 인간이시라는 것이다.

이와 같이 안디옥파와 알렉산드리아파가 신앙적 논쟁으로 곪아 있으므로 테오도시우스 2세는 주후 431년 6월 7일에 기독교회의 회의를 에베소에서 소집하였다. 알렉산드리아의 시릴은 해로(海路)로 많은 인원을 동원하여 에베소에 도착했다. 그러나 안디옥에서는 육로(陸路)로 왔기 때문에 회의에는 15일 늦게 도착한다고 연락을 했다.

그러나 시릴은 안디옥파가 도착하기 4일 전인 431년 6월 22일에 단독으로 회의를 열었고, 이 회의에서는 12개 조(The Twelve Anathematism)의 정죄문(定罪文)을 채택하여 네스토리우스주의를 정죄하였다. 그들은 네스토리우스를 '새유다'라고 정죄하여, 그를 감독직에서 해임하였다. 뿐만 아니라 알렉산드리아파는 앞으로 누구든지 다른 신조를 만드는 것은 불법임을 결정하기까지 했다. 한편 늦게 도착한 안디옥의 요한 감독과 시릴의 회의에 불참했던 감독들은 별도로 회의를 열고, 시릴의 폐위(廢位)를 결정지었고 또 이단적인 12개 조를 정죄하였다.

이와 같이 결국 기독교회는 인간적인 적대감정과 교권 그리고 신앙적 논쟁으로 분열되었다. 그 후 그들은 주후 433년에 하나의 신조 곧 '통합신조'(The Formula of Union)를 작성하였다.

"그러므로 우리는 우리 주 예수 그리스도, 하나님의 독생자를 고백하니, 이는 완전한 하나님이시며, 완전한 사람이시며, 이성(二姓) 있는 영혼과 몸으로 되신 분으로 그의 신성으로 말하면 만세 전에 아버지에게서 나시었고, 마지막 날에 그 동일하신 분이 우리를 위하사 우리의 구원을 위하여 그의 인성을 따라 동정녀 마리아에게서 났으며, 그 동일하신 분이 신성에 있어서는 아버지와 동일 본질이시며, 그의 인성에 있어서는 우리와 동일한 본질이시다. 대개 양성은 연합을 이룩하시었으니 그러므로 우리는 한 그리스도, 한 아들, 한 주를 고백한다."

예수 그리스도의 일성론(Monophysitism) 논쟁과 칼케돈 회의

기독교회의 교리 논쟁은 니케아 회의의 삼위일체 교리 논쟁을 위시해서 칼케돈 회의의 예수 그리스도론에 이르렀다. 알렉산드리아의 시릴파 가운데 콘스탄티노플의 유티쿠스(Eutichus)가 있었다. 그는 주장하기를, 예수 그리스도는 두 가지 성품으로 되어 있는데, 그 두 성품이 합일한 후에 인성은 신성에 침범되고 섭취되어서 예수 그리스도의 몸까지도 우리들의 몸과는 동일한 것이 아니라고 하였다.

이것을 일성론(一性論)이라 한다. 즉 예수 그리스도는 성육신 이전에는 양성으로 있었으나, 후에는 일성(一性)으로 되었다는 것이다. 이 때 시릴은 죽고 없었으며, 콘스탄티노플의 지방대회는 유티쿠스설을 부인하였다. 그러나 알렉산드리아의 디오스코루스(Dioscorus)는 이 논쟁에서 이기는 것이 알렉산드리아의 세력을 펴는데 필요하다고 생각하여 유티쿠스를 지원하였다.

그리고 그는 테오도시우스 황제로 하여금 주후 449년에 에베소에서 대회의를 열게 하였다. 디오스코루스는 회의 의장이 되어 병사들과 추종자들에게 호위케 하고 반대론자를 논박하였다. 즉 이성(二姓)이 있다고 하는 자의 두 토막을 내라고 하였다. 이것을 강도회의(强盜會議)라고 한다.

한편 로마의 감독 레오(Leo) 1세는 플라비안(Flavian)에게 상세한 보고를 요구하였다. 그는 당시의 회의록 사본을 보냈고, 레오 1세는 이 사건의 내용을 충분히 검토하고 유명한 공한(Tome, 큰 책)을 플라비안에게 주었다. 그리고 그는 유티쿠스의 일성론을 정죄하였던 것이다.

이와 같이 유티쿠스의 원리에 대한 찬부 양론으로 얽혀진 수차의 지방대회가 있은 후에 마르키아누스(Marcionus) 황제가 주후 451년 10월 9일에 칼케돈(Chalcedon)에서 기독교회의 회의를 열었고, 칼케돈 신조를 작성하여 인준하였다.

"우리는 기독교회의 교부들을 따라 아무 이의 없이 다음과 같이 신앙을 고백케 한다. 우리 주 예수 그리스도는 신성과 인성에 있어서 완전하시며 참 신이시고 참 인간이시며 이성이 있는 영혼과 육체를 소유하였으며, 신성에 있어서는 성부와 동질(同質)이고, 인성에 있어서는 우리와 동질이시다. 만사에 우리와 같으시니 오히려 그에게는 죄가 없으시며 신성에 따라 영원 전에 성부에게서 나셨고, 후일에 우리와 우리의 구원을 위하여 인성에 따라 토코스이신 동정녀 마리아에게 나셨으며, 유일하신 그리스도, 성자, 주, 독생자로서 양성을 소유하셨으니 이는 혼합되지 않게, 불변적으로 분할할 수 없이 또는 떨어질 수 없게 소유하셨다. 연합으로 말미암아 양성의 구별이 무효케 된 것이 아니라 오히려 각성의 특성이 그대로 보존되었으며, 일위(一位) 안에 동시에 있어 이인적(二人的)으로 분할되지 아니하셨다. 그러나 그는 선지자들이 처음부터 그에 관하여 예언한 바 대로, 주 예수 그리스도께서 그 자신이 우리에게 가르치신 대로, 또는 기독교회의 교부들이 우리에게 전하여 주는 바 대로 유일하신 성자요 독생자시오, 말씀하신 하나님이시오, 주 예수 그리스도이시다."

칼케돈 회의 이후 기독교회는 외적으로 하나의 기독교회가 되었다. 그리고 그들은 예수 그리스도에 관한 하나의 신앙고백을 할 수 있었다. 즉 여기에서 알렉산드리아의 한 주 예수 그리스도, 하나님의 말씀에 대한 고백이 들어 있고, 또한 안디옥의 예수 그리스도의 양성에 있어서 예수 그리스도 인성이 들어 있는 것이다.

기독교회의 계속적인 교리 논쟁과 콘스탄티노플 회의

기독교회는 칼케돈 회의 이후에도 몇 차례 회의가 있었다. 주후 553년에 유스타니아누스(Justinian, 527~565) 황제는 콘스탄티노플에서 기독교회의 회의를 소집하고, 단성론자인 황후 테오도라(Theodora)의 영향을 받아 553년에 삼장정죄칙령(三章定罪勅令)을 선포하였다. 이것은 테오도르(Theodore of Mopsuestia)와 테오도렛

(Theodoret of Cyrus), 그리고 이바스(Ibas of Edessa)의 작품들을 제3장으로 요약한 것으로 기독교회의 이단문서로 정죄된 것이다.

또 다른 기독교회의 회의는 주후 681년 콘스탄티노플에서 예수 그리스도의 일의론(一意論)과 이의론(二意論)의 논쟁을 타결하기 위해서 모였다. 콘스탄틴 포고나투스(Constantine Pogonatus) 황제는 세르기우스(Sergius)의 일의론(Monothelitism)과 로마의 감독 호노리우스(Honorius of Rome)를 정죄하였다. 그들은 단성론자(單性論者)들과 같이 예수 그리스도에게는 신인(神人)적 에너지(Energy)를 주장했다. 그 밖에도 몇 차례 기독교회의 회의가 있었다.

지금까지 니케아 회의와 기독교회의 신앙을 살펴보았다. 기독교회는 몇 차례 세계적인 기독교회의 회의를 통해서 신앙적 표준을 작성하였다. 신학적인 기독교리 논쟁을 계속하여 기독교회는 교회 정치를 통한 새로운 기독교회의 신앙을 수립하였으나 항상 대립적인 관계로 분열과 논쟁을 가져왔다. 그러나 이것은 기독교회의 민주적 교회정치의 역사적 전환점을 주었다. 반면에 기독교회가 자체적 신앙과 신학적 논쟁 중에 있을 때 로마 제국은 게르만 민족의 침입을 받았다.

그중에 고트(Goth)족의 게르만족이 자주 로마 제국을 침입했고, 그 밖에 반달족, 롬바르드족, 프랭크족 그리고 색슨족이 침입하였다. 물론 그들 가운데는 이교족도 있고, 일부는 기독교회의 아리우스주의를 믿는 민족도 있었다. 그들에 의해서 기독교회는 새로운 기독교회의 문화를 형성케 되었고, 기독교회의 신앙은 전 유럽에 퍼지게 되었다.

6. 성 어거스틴의 신앙과 신학

기독교회의 신앙과 역사의 총체는 성 어거스틴(Aurelius Augustine, 354~430)이 이룩하였다. 역사적 기독교회에서 그는 고대 기독교회의 종결점에 있고, 중세 기독교회의 관문에 있다. 또한 그에게는 개혁 기독교회의 신앙의 흐름이 있고, 현대 기독교회에 이르기까지 신앙과 역사의 주류를 형성하고 있다.

성 어거스틴의 생애의 발자취

어거스틴은 주후 354년 북아프리카 누미디아(Numidia)의 타가스테(Tagaste)의 작은 고을에서 태어났다. 그곳은 히포(Hippo)에서 멀지 않은 곳이며, 지금은 알제리의 콘스탄틴 주에 속해 있다. 아버지는 파트리시우스(Patricus)인데, 그는 이교도로서 중류 가문에 속하였다. 그리고 어거스틴의 어머니 모니카(Monnica)는 신실한 기독교인으로서 사랑하는 아들을 신앙적으로 양육하였다.

어거스틴의 인격 형성은 아버지의 고상하고 지적인 성격과 어머니의 경건심, 열성 그리고 영적인 심미안의 성품으로 이루어졌다. 그는 이웃의 마다우라(Madaura)와 카르타고(Carthago)에서 수사학을 공부하였다(371~375). 그때에 어거스틴은 일시적인 방탕생활을 하였는데 그의 나이 17세(372) 때에 한 여자와 약 14년간 동거생활을 했고, 한 아들을 낳았으니 그가 아데오다터스(Adeodatus)이다. 어거스틴은 19세 때에 키케로(Cicero)의 『호르텐시우스』(Horthensius)를 읽고 크게 감동되었고, 그 후에 진리탐구에 몰두하게 되었다. 그는 그때 아리스토텔레스(Aristoteles)의 철학을 공부하였으나 그의 지적 욕구를 채우지 못했다. 어거스틴은 지성적, 정신적 안정의 위로를 얻고자, 당시 페르시아의 이원론적 혼합사상인 마니교(Manichaeism)에 입교하여 9년간 마니교 생활을 했다. 그러나 그는 여기에서도 신앙적, 지적 만족을 얻지 못했고, 오히려 회의에 크게 빠졌다.

어거스틴은 그때 플라톤주의자들의 책을 탐독하여 새로운 돌파구를 찾았다고 한다. 그가 읽은 것은 주로 플로티누스(Plothinus)의 작품들로서 라틴역이었다. 그는 신플라톤주의의 황홀경을 체험하였다고 하며, 이것은 그로 하여금 회의주의에서 벗어나는 데 도움을 주었고, 또한 마니교의 물질주의에서 벗어나서 영적 실재에 대한 확신을 얻는 데 도움이 되었다고 했다.

어거스틴은 383년에 마니교 친구들의 권유에 따라 로마로 갔고 밀란(Milan)의 수사학 교사가 되었다. 그때 그는 어머니와 그의 친구 아리파우스와 함께 지냈다. 그리고 그는 어머니의 소원에 따라 자기와 신분이 맞는 여자와 약혼을 했다. 그러나 결혼은 약혼녀가 어리다는 이유로 연기했다고 한다. 어거스틴은 후회하면서 첫사랑의 동거 여인을 버리고 과거보다 더 방탕한 여자와 관계가 있었다. 아마도 그때가 어거스틴에게 가장 암흑시대였다고 간주된다.

어거스틴은 계속 신플라톤 철학을 탐독 중에 빅토리누스(Victorinus)의 작품을 읽었다. 빅토리누스는 로마의 신플라톤주의 학자이고, 말년에 기독교회의 신앙을 가진 자이다. 어거스틴은 그에게서 다시 한번 정신적 세계의 전환점을 얻었다. 그는 하나님 안에서 모든 선의 근원만이 아니라 모든 실재(實在)의 근원을 발견하였고, 악이란 마니교에서와 같이 적극적인 실재가 아니라 소극적인 것으로서 선의 결핍이요, 하나님에게서 버림받은 의지였다고 느꼈다. 그리고 최고의 축복은 하나님을 아는 것이라고 했다. 또한 어거스틴은 그 무렵 아프리카에서 여행하여온 폰티티아누스(Pontitianus)에게서 이집트의 수도원 생활에 대한 보고를 듣고 마음에 충격을 받았다고 한다. 그것은 자신의 비천한 생활에 대한 반성과 고민이었다.

어거스틴이 이와 같이 심적 갈등에 사로잡혀 있을 때, 담 넘어 어린아이들의 '들어서 읽어라'(Toll, lege) 하는 노랫소리가 들려, 자기가 읽던 책을 펴보니 다음과 같은 성경 구절이 있었다. "방탕하거나 술 취하지 말며 음란하거나 호색하지 말며 다투거나 시기하지 말고 오직 주 예수 그리스도로 옷 입고 정욕을 위하여 육신의 일을 도모하지 말라"(롬 13:13~14). 이 말씀은 어거스틴의 마음속에 새로운 변화를 일으켰다. 그리고 지금까지 찾아도 얻지 못하였던 마음의 평화와 죄악을 이길 수 있는 하나님의 은총을 깨달았다고 한다.

우리는 어거스틴의 회심의 때를 386년 늦은 여름으로 생각한다. 그는 새로운 도약을 위한 준비와 자신적 생활의 정리를 위해서 밀란 근방에 있는 카시시아쿰(Cassisiacum)이란 곳의 친구 집에 머물렀다. 이것은 그가 모든 공직을 사면하고, 기독교회의 신앙을 받아들이기 위한 전초를 의미한다. 어거스틴은 이곳에서「독백」(Soliloquy)이란 최초의 논문을 썼다. 여기에서 그의 초기 신앙을 보면, 어거스틴은 전통적인 기독교회의 신앙을 그대로 다 받아들였고, 그것을 자신의 것으로 삼았다. 그러나 그때 자신의 신앙의 지적 활동이 플라톤주의의 지적 도구를 가지고 있었음을 발견한다. 그 후 어거스틴은 주후 387년 그의 나이 34세 때, 아들 아데오다터스, 친구 알리피우스(Alypius)와 함께 밀란의 유명한 목회자 암브로시우스(Ambrosius, 339~397)에게 부활절에 세례를 받았다. 그 후 어거스틴은 밀란을 떠나 고향 아프리카의 타가스테로 돌아갔다. 그때에 그는 여행 중에서 신앙의 어머니를 여의었다.

우리는 어거스틴이 회심하게 된 동기를 성령의 강력한 역사로 생각하며 그의 어머니 모니카의 간절한 기도와 눈물의 결정체로 인한 간접적인 원인도 있었다고 생각한다. 어거스틴은 어머니의 죽음을 이렇게 묘사했다. "우리는 로마의 티베르 강 하류 오스티아 항구의 어느 유숙집에서 배편을 기다리고 있었다. 어느날 저녁 나는 어머니와 창가에 같이 앉아, 석양의 아름다운 햇빛이 정원에 비친 것을 보고 말할 수 없는 만족과 환희와 하나님의 임재를 느꼈다. 어머니는 나에게 말하기를, '아들아, 나는 더없이 만족한다. 하나님께서 나의 간절한 간구를 다 이루어주셨다. 이제 나는 세상에서 할 일을 남김없이 다하였다'고 말했다." 그리고 5일 후에 모니카는 병상에 눕게 되었고, 아무런 고통이나 불안을 느끼지 않고 영면(永眠)하였다.

어거스틴은 고향에 돌아와서 기독교회의 신앙운동을 위한 수도원을 세울 계획을 하였다. 그때 그에게는 또 하나의 가정적 어려움을 당하였다. 아주 총명하고 귀여운 아들 아데오다터스가 죽은 것이다. 그러나 어거스틴은 하나님께서 그의 아들의 영혼을 불러갔으니, 인간적인 괴로움은 있으나 신앙적인 희열은 넘쳤다고 한다. 그는 히포(Hippo)에 가서 자기의 처음 계획을 추진하려는데, 그곳의 기독교회의 강권으로 장로가 되었고, 발레리우스(Valerius) 감독이 죽자 어거스틴이 그의 뒤를 계승했다. 그는 아프리카에서는 처음으로 히포에 수도원을 세웠고, 여기에서 기독교회의 성직자를 양성하였다. 어거스틴은 그의 관할 기독교회를 위해서 행정적 쇄신을 했고, 이웃을 향한 사랑의 손길을 많이 폈으며, 매주일 메시지를 전했고, 특히 새신자를 위한 기독교회의 교육에 심혈을 기울였다. 뿐만 아니라 어거스틴은 계속 글을 써서 당시 기독교회의 신앙적 문제를 전통적인 신앙의 입장에서 잘 변증하였다. 그리고 그는 기독교회의 많은 회의에 참석하였고, 건설적인 제안을 많이 했다. 특별히 어거스틴이 한 기독교회의 이단종파들에 대한 변증과 변호는 가장 큰 일이었다. 그것은 마니교, 도나티스주의, 펠라기우스주의에 대한 비판과 기독교회의 신앙적 변증이다.

성 어거스틴의 신앙과 사상

어거스틴은 기독교회의 감독이 된 이후에 「심플리키아누스의 질문」(Questions of Simplicianus)이라는 글을 썼다. 심플리키아누스는 암브로시우스 밑에 있는 밀란의 나이 많은 장로였는데, 어거스틴은 세례를 받기 전에 그에게 신앙적 지도를 받았다. 그는 암브로시우스를 이어 밀란의 감독이 되었고, 로마서 7장 7~25절과 9장 10~29절에서 하나님의 은총과 자유의지에 대한 기독교회의 신앙적 문제를 제기했다. 여기에 대해서 어거스틴이 답변으로 그에게 글을 쓴 것이다. 어거스틴은 하나님의 은혜인 선택의 교리에 깊이 들어가면 바울의 은총교리의 최후적인 이해를 할 수 있다고 했다.

다음으로 어거스틴은 주후 397년에 『참회록』(Confession)을 썼다. 이것은 그의 단순한 역사적 자서전이 아니고, 하나님의 은총의 임재를 회상하면서 하나님 앞에서 자기 자신에 관한 진리를 고백하는 동시에 하나님에 대하여 자기가 아는 바를 하나님께 고백한 것이다. 그는 하나님을 찬송하고 영광을 돌리며 또한 신앙적 사색 가운데서 자기 자신과 하나님을 발견했다. 어거스틴의 참회록 가운데 한 구절을 소개하면 다음과 같다.

"오, 주님! 나는 당신을 사랑하고, 당신께 감사하고, 당신의 이름 앞에 참회하리이다. 당신은 나의 이 흉악한 죄와 악행을 내게서 떼어놓아 주셨기 때문이옵니다. 당신이 내 죄를 얼음처럼 녹여버리신 것은 당신의 은총이요, 자비로소이다."

여기서 우리는 사도 바울의 다메섹 도상의 회심 이후 어거스틴에게서 또 한번 하나님의 은총에 의한 회심을 볼 수 있다.

어거스틴은 히포의 감독으로서 그에게 첫 시련은 도나티스트(Donatist)의 문제였다. 도나티스트의 신앙적 논쟁은 어거스틴 때에 생겨난 문제가 아니고 벌써 오래전에 콘스탄틴 황제 때에 일어난 기독교회의 문제였다. 이것은 신앙적 문제와 그 밖에 여러 가지 복합적인 것이 섞여 있어서 어거스틴에게는 매우 어려운 기독교회의 처사였다. 여기에는 페니키아족(Punic)과 라틴족과의 대립이 있었고, 그들은 누미디아 지역에서 큰 집단을 이루고 있었다.

어거스틴은 도나티스트파의 지도자들과 신앙적 화해를 시도했고, 특별히 도나티스트의 프로쿠레이아누스(Proculeianus)와 몇 차례 대화를 가졌다. 그러나 강경파의 도나티스트들이 폭력으로 난동을 부리므로 소요가 끊이지 않았다. 어거스틴은 난폭한 그들의 행위를 금지하기 위해서 404년 카르타고 회의에서 호아제 호노리우스에게 적극적인 개입을 요청했다. 국가는 그들의 불법적인 처사에 제재를 가했고, 어거스틴은 도나티스트의 성례전(聖禮典)과 교회론에 비신앙적인 것을 발견하고 거기에 관한 글을 썼다. 그것은 성례전의 객관성을 주장한 것이다. 즉 성례전을 베푸는 사람이나 받은 사람에게는 무관하게 성례의 타당성을 말한 것이다. 물론 이것은 키프리안 때부터 로마 기독교회의 입장이었고, 314년 콘스탄틴이 아프리카 교회를 위해서 소집한 아르레스 회의에서 로마의 견해로 받아들인 것이다. 아르레스 회의(Council of Arles) 헌장 제8조를 보면 "만일 어떤 자가 이단파로부터 기독교회로 돌아오는 경우에 먼저 그가 세례시에 사용한 바 신조를 물을지니라. 그리하여 만일 그가 성부와 성자와 성령의 이름으로 세례받았음이 확실하게 될 때에 그는 다만 안수만 받아서, 그로 하여금 성령을 받게 할지니라. 그러나 만일 그의 삼위일체에 관한 대답이 분명치 않은 경우에는 세례를 받아야만 할지니라"고 했다. 이것은 325년 니케아 회의에서도 재확인된 것이다. 어거스틴은 이것을 천명했다. 물론 우리는 어거스틴의 이 점에 대해서는 동의하지 않는다. 기독교회의 성례전은 영적 사건의 외적인 표현이기 때문이다.

그리고 어거스틴은 도나티스트들이 문제삼는 성례전에 대한 타당성과 유효성(有效性)을 구별하여 말하였다. 또한 그들이 기독교회에 대한 국가의 간섭을 반대한 것에 관해서는 황제에 대한 감정에서 기인된 것으로 보았다. 그들도 종종 국가에 대하여 신앙적 문제를 요청하기도 했었다. 그러므로 어거스틴은 도나티스트들과 같이 극단적으로 기독교회와 국가간의 감정적인 분리주의를 타파하고 하나님의 일반은총의 국가와 특별은총의 교회와의 상호의존적 관계를 말하면서 국가는 어디까지나 교회를 보호하는 데 있음을 밝혔다.

어거스틴이 히포의 감독으로 있던 주후 410년에 알라릭(Alaric)이 영도하는 고트(Goth)족이 로마 제국을 함락하키고 약탈을 자행하였다는 소문이 퍼졌다. 이것은 로마 제국이 전통적인 로마 제국의 우상

신을 섬기지 않고 기독교회를 받아들였다고 하는 이교도들의 주장이 강렬했고, 게르만족의 침입으로 기독교회의 성도들은 정조를 유린당하였다. 이것 역시 기독교회의 문제로 등장했다. 어거스틴은 여기에서 하나님의 섭리를 찾았다. 그는 기독교회의 신앙을 변호하기 위해서 『하나님의 도성』(City of God)을 413년부터 쓰기 시작하여 426년에 끝마쳤다. 이것은 기독교회의 역사 철학이요, 그의 신앙과 신학의 총체이기도 하다. 어거스틴은 『하나님의 도성』에서 기독교회 진리의 전체를 인격화했다. 그러므로 여기에는 동방의 수직선인 국면, 헤브라이즘의 역사적인 직선적 진리의 국면, 서방의 윤리적 정치적 그 밖에 모든 문화의 영역을 포함한 하나의 기독교회의 원리를 제시하고 있다. 어거스틴의 『하나님의 도성』에서 살펴보면, 그는 하나님의 도성과 세상의 도성, 곧 두 나라의 역사를 비교 서술하였다.

주후 412년부터 430년까지 즉 어거스틴의 최후까지 기독교회의 큰 논쟁은 펠라기우스(Pelagius)주의였다. 펠라기우스주의는 어거스틴의 은총의 신앙에 대한 정면 도전이었다. 펠라기우스는 영국의 한 수도사로서 5세기 초에 로마에 와서 당시의 도덕적 부패를 보고 새로운 윤리적 질서를 부르짖었다. 그러나 410년 알라릭의 재난 때문에 그는 그의 제자 켈레스티우스(Coelestius)와 함께 아프리카로 피난을 갔다. 그리고 어거스틴을 방문하였으나 만나지 못하였다. 여기서 펠라기우스는 동방의 에베소로 갔고, 켈레스티우스는 카르타고에 머물면서 펠라기우스주의를 가르쳤다. 그들은 인간의 원죄를 부인하고 타락은 전체적인 인간의 타락이 아니라 각자의 개인적인 것이요, 구원은 인간의 자유 선택에서 결정된다고 했다. 그리고 하나님의 은총은 인간의 의지로 받을 수 있고, 하나님의 애정을 부인하며, 유아 세례의 필요성을 인정하지 않았다.

또한 그들은 아담은 본래 죽을 사람으로 창조되어 범죄 여부와 상관없이 죽었다고 했다. 아담의 죄는 아담에게만 국한되고 인류에게는 무관하나, 어린아이는 아담의 타락 이전의 상태와 같으며, 아담의 죄와 죽음 때문에 전 인류가 죽는 것이 아니며 예수 그리스도의 부활 때문에 인류가 부활한 것이 아니라고 했다. 그리고 율법도 복음과 같이 인류를 하나님의 나라도 인도하며, 예수 그리스도의 재림 전에도 죄를 짓지 않은 무리가 있다고 하였다. 그러나 주후 411년 카르타고 기독교회의 회의는 켈레스티우스의 주장을 정죄했고, 펠라기우스는 417년 인노첸시오(Innocentius) 1세 때에 기독교회의 이단으로 정죄되어 그들은 유배(流配)를 당하였다.

어거스틴은 인간의 원죄(原罪)를 인정하였고, 아담의 타락으로 전 인류가 원죄를 갖게 되었다고 했고, 죄는 유전되고, 구원에 관해서는 인간의 자유 선택의 상실을 말했다. 그리고 그는 하나님의 예정적 은총을 주장하였으니 "너희가 나를 택한 것이 아니라 내가 너희를 택하였노라"는 은총의 고백을 한 것이다. 또한 어린아이의 세례의 필요성을 말했다.

펠라기우스주의는 주후 431년 제3차 에베소의 기독교회의 회의에서 정죄를 받고, 동방과 서방에서 공식적으로 배척을 당했다. 그러나 지금까지도 일부 기독교회 안에는 펠라기우스주의가 존속되고 있다. 그들은 인간의 자유의지를 강조하며, 자유의지의 선행을 주장한다. 그리고 펠라기우스주의에 더 첨가하여 오늘의 현대 자유주의를 유발하기도 했다.

성 어거스틴은 주후 426년 그의 나이 72세 때에 그의 사역을 제자

헤라클리우스(Heraclius)에게 일임하였다. 그러나 그는 쉴 사이도 없었다. 기독교회의 신앙을 지키고 변증하면서 주어진 나머지 삶을 하나님의 은총 가운데서 모두 마쳤다. 그리고 주후 430년 8월 28일에 영광스러운 하나님의 나라로 갔다.

성 어거스틴의 신앙과 영향

지금까지 성 어거스틴의 신앙과 그의 역사를 서술하였다. 여기서 간단하고 종합적으로 그의 신앙을 약술하려고 한다.

어거스틴은 그의 삼위일체론(on the Trinity)에서 "아버지와 아들과 성령은 한 하나님이시다. 그는 자존하시며, 전지전능하시고, 선하시고, 의롭고, 자비하시며, 보이는 것과 보이지 않는 모든 것을 지으신 분이시다"라고 했다. 그리고 "아버지와 아들과 성령은 같은 한 본질에 속해 있으며, 삼위일체이시다"고 했다.

예수 그리스도의 신성과 인성에 관해서 어거스틴은 "하나님의 아들, 예수 그리스도는 참 하나님이요 사람이다. 온 세계보다 먼저 계신 하나님이요, 우리의 세계에 오신 인간이시다. 그리고 그는 하나님과 인간 사이의 유일한 중보자시며, 그를 통해서만 죄가 용서된다"고 했다. 그리고 예수 그리스도의 죽음은 하나님께 드린 희생 제물이며, 하나님의 택한 백성의 형벌을 대신 받으신 것이고, 죄악의 세력에서 해방시켰고, 자유를 주시기 위한 대속이었다고 했다.

어거스틴은 태초의 인간이 하나님의 형상대로 창조되었으나 아담의 타락으로 모든 것이 상실되었으며, 그것은 온 인류에게 미쳤다고 했다. 그리고 구원은 값없이 주시는 하나님의 은총이며, 인간의 행위의 공로는 무용지물이라 했다. 또한 하나님의 은혜는 불가항력적이라고 하였다.

어거스틴의 교회론은 보이는 교회와 보이지 않는 교회로 구분하였는데, 전자는 하나님께서 택한 백성들이 모여서 하나님께 예배드리며 하나님의 사랑을 전하는 곳이요, 후자는 하나님의 나라라고 말하였다. 그리고 성례전은 하나님이 하시는 일이지, 사람의 일은 아니라고 했다. 또한 집행자의 성격에 달린 것이 아닌 성례 자체의 유효성을 말하였다.

이제 성 어거스틴의 신앙과 역사가 어떻게 중세 기독교회에 나타나는가를 다음 장에서 자세히 고찰하려고 한다.

제4장

중세 기독교회의 신앙과 역사

　중세 기독교회의 신앙과 역사는 성 어거스틴의 신앙과 사상이 실현(實現)되는 역사이다. 그리고 이 시대는 교황 그레고리 1세가 직위한 주후 590년부터 마틴 루터가 개혁 기독교회의 개혁운동을 일으킨 1517년까지 약 1,000년 동안이다.
　우리는 지금까지 중세 기독교회는 로마 가톨릭의 역사적 시대로 생각해왔다. 그러나 이것은 기독교회의 신앙과 역사를 곡해(曲解)한 데서 발생한 것이다. 마치 기독교회가 유대교에서 나오고, 유대교는 모세에서 나오고, 모세는 하나님에서 나오는 등의 점진적 발전의 역사로 보는 것과 같다. 그러나 유대교는 오실 메시아의 신앙은 가졌으나, 오신 메시아 예수 그리스도를 믿지 않은 하나의 기독교회의 이단 종파이다. 반면에 기독교회는 이미 언급한 대로 오실 메시아의 오신 메시아를 믿는 예수 그리스도교를 말한다. 그러므로 처음과 나중, 알파와 오메가의 기독교회인 것이다.

로마 가톨릭은 그들의 기원을 베드로의 교회적 직계에 두고 있다(마 16:18). 즉 그들은 베드로의 교회권(敎會權)의 계승을 로마에 있는 감독 주교가 계승하고, 그가 오늘의 로마 가톨릭의 교황으로 있는 것이다. 역사적으로는 주후 451년 칼케돈 기독교회의 회의 때 로마의 감독 레오(Leo) 1세가 로마 기독교회의 우월권을 주장하였고, 그레고리 1세에 의해서 새로운 기독교회의 교황으로 등장하였다.

그 후 로마에 있는 교황청의 독자적 권위를 갖고 신앙과 생활의 근원을 가졌다. 이것이 오늘 로마 가톨릭이다. 그러므로 로마 가톨릭은 기독교회의 분파요 이단종파이다. 즉 그들은 기독교회로부터 독자적인 신앙과 생활, 행정과 제도를 갖는다. 자연히 로마 가톨릭은 기독교회 안에 있고, 기독교회에서 갈라져 나왔고, 기독교회에서 부분적인 외적 활동을 크게 하였다. 그러나 기독교회의 신앙과 역사는 초지일관 복음의 불변성을 갖고 계속 전승되었다.

1. 교황 그레고리 1세와 로마 가톨릭

기독교회의 신앙과 역사는 예수 그리스도에서 시작하여 초대 기독교회와 사도 후 기독교회를 통해서 중세 기독교회에 이르렀다. 중세 기독교회에 이르러서 기독교회는 돌연변이를 만나게 되었다. 그것이 로마 가톨릭의 출현과 형성이다. 로마 가톨릭은 로마 제국의 계승자가 되고 로마를 중심한 국가적 교회를 이룩한 것이다. 그것을 그레고리 1세(Grogory, 540~604)가 하였다.

교황 그레고리 1세와 로마 가톨릭

그레고리 1세는 주후 540년 로마 제국의 원로원인 기독교회의 가정에서 태어났다. 그는 전형적인 당시의 문법과 수사학의 교육을 받았으며, 성장한 후에는 황제 저스틴(Justin) 2세에 의해서 로마의 관리가 되었다. 그레고리는 관리가 된 지 얼마 안 되어서 그의 아버지가 죽으므로 그는 많은 유산을 물려받았다. 그레고리는 574년에 자기 재산을 수도원 건설과 구제사업에 바치기로 하고 관리직을 사면하였다. 그레고리는 로마의 근방에 있는 옛 집을 개조하여 성 안드레(St. Andrew) 수도원을 만들었으며, 자신도 수도원에 들어가서 수도원 생활을 하였고, 언제나 큰 흥미를 가졌으며 또한 그 규율과 발전에 많은 힘을 썼다. 그러나 그는 활동적인 성품 때문에 수도원 생활에만 국한하지 않았다. 주후 579년 봄, 교황 펠라기우스(Pelagius) 2세는 그레고리를 교황의 사절로 콘스탄티노플에 보냈다. 당시의 기독교회는 로마와 콘스탄티노플에 의해서 좌우되었다. 특히 서로마제국이 주후 476년 멸망한 후에는 콘스탄티노플의 황제가 세계의 유일한 황제가 되었고, 기독교회에서도 콘스탄티노플의 감독이 최상이 되었다. 그런데 이때 전통적인 로마 교회의 감독 사이에 분쟁이 생겼다. 그레고리는 여기서 비상한 수완으로 로마 교회의 권위를 부상시켰다. 그리고 그는 586년 로마로 되돌아와서 성 안드레 수도원의 원장이 되었다. 그는 철저한 수도원 생활을 확립하면서 당시의 모든 기독교회를 로마의 교회에 연합시키려는 노력을 하였다.

주후 590년 그레고리는 중세 기독교회에서 로마 교회의 교황이 되었다. 이것은 기독교회의 역사에서 새로운 전환점이 되었으니, 곧 로마 가톨릭 교회의 교황청 제도 수립과 활동이다. 그리고 로마 제국의 황제권이 쇠퇴하여 감으로 고레고리는 당시의 롬바르드족(Lombards)의 로마 침략에 자신이 앞장섰다. 그는 군사력을 배양하고, 무력과 조공으로 로마를 방어하며, 심지어는 자신의 권위로 롬바르드족과 화해를 하기도 했다.

그레고리는 교황으로서 시실리, 이탈리아, 남부 프랑스, 북부 아프리카에 있는 기독교회의 재산을 장악하여 로마 가톨릭의 교황청을 신장하며 로마의 식량을 지원하였다. 자연히 교황청의 재정 수입이 증가되고 교황청은 세도를 갖게 되었다. 그는 '주께서 친히 거룩한 사도요 모든 사람의 장자인 베드로에게 기독교회의 계승권'을 주었음을 재확인하였으며, 그의 후계자가 로마 가톨릭 교회의 신앙을 전파하는 데 주력하였다. 즉 프랑스, 스페인, 영국 등에 로마의 교황권을 확장시켰다.

교황 그레고리 1세의 신앙과 황제

그레고리의 신앙과 제도적인 행정은 로마 가톨릭의 발전에 주춧돌이 되었고, 그것들은 그가 쓴 「욥기 해설(Moralia)」의 35편, 「경건한 이탈리아 교부들의 생애와 기적」, 「로마 가톨릭 성직자의 성격과 임무」 등에서 잘 나타난다. 그레고리는 기독교회의 실제생활에서는 제롬(Jerom, 340~420)의 극단적인 금욕주의와 고행주의를 따랐으며, 신앙과 신학에 있어서는 일반적으로 성 어거스틴의 사상을 본받았다. 그리고 후에는 반(半) 펠라기우스(Pelagius) 주의로 기울어졌다.

이것을 좀 더 구체적으로 언급하면, 그레고리는 삼위일체론과 기독론에 있어서는 기독교회의 니케아 회의에서 칼케돈 회의에 이르기까지의 신앙을 계승했다. 즉 하나님은 한 신적 실체이며, 새 인격으로 존재한다. 예수 그리스도는 참 하나님이시며 참 인간이시다. 그는 성부와 한 본질(本質)에 속하는 참 하나님이며, 우리와 연합된 참 인간이라고 하였다. 뿐만 아니라 죄가 없는 예수 그리스도는 그의 성육신(成肉身)과 죽음을 통해서 우리의 중보자와 구속자가 되었으며, 이는 하나님의 택한 백성으로 하여금 죄를 미워하는 하나님의 진노를 면케 하기 위함이라고 하였다. 반면에 그레고리는 예수 그리스도의 속죄 사역(贖罪使役)은 사단에게 지불된 하나의 값으로 간주하기도 했다.

그레고리는 그의 인간론과 구원론에서 기독교회의 전통적 신앙에서 이탈되었다. 그는 말하기를, "하나님은 인간에게 계명을 부여함으로써 인간으로 하여금 의로운 자가 될 수 있다고 하였고, 또한 성도들의 참회를 하나의 통회, 자백, 면제, 탕감이라"고 하였다. 그러므로 그레고리는 유전된 원죄(原罪)는 세례를 통해서 용서되지만, 실제로 짓는 모든 죄는 그것을 탕감해야 한다고 했다. 즉 그는 고행(苦行)으로 자기를 형벌하는 것을 죄에 대한 탕감이라고 간주했다. 이것은 자신의 현세적 형벌을 통해서 영원한 하나님의 형벌을 모면할 수 있다는 것이다. 그리고 예수 그리스도의 공로와 기독교회의 의식적 사죄는 영원한 형벌을 현세적 형벌로 변경시킬 수 있음을 시사했다. 성자들의 중재를 통해서 산 자와 죽은 자를 위한 형벌이 감소된다고 했고, 로마 가톨릭의 미사(예배)를 통해서도 된다고 하였다.

그레고리는 지금까지 희미한 로마 가톨릭의 연옥(煉獄)의 교리를 마태복음 12장 32절을 인용하여 입증을 시도하였다. 또한 그는 로마 가톨릭의 교황이 기독교회의 머리가 되는 한 로마 가톨릭 교회는 곧 하나님의 나라라고 간주했다. 이것은 로마 가톨릭 교회가 전 세계와 교회의 지배권을 갖는 것을 의미한다.

이상에서 그레고리의 신앙과 신학적 입장을 검토할 때에, 그는 로마 가톨릭의 제도적 의식은 신의 내적 은총으로, 그것을 외적인 성도들의 신앙생활에 구체화시켰고, 그들은 이 세상, 곧 로마 가톨릭 교회를 통해서 연옥을 지나 하나님의 나라에까지 로마 가톨릭 교회의 권위를 부각시켰다.

중세 기독교회의 그레고리는 폭 넓은 포교정책을 수립하기도 했다. 그는 주후 596년경에 영국에 로마 가톨릭을 포교하였고, 영국과 독일의 황제들을 로마의 교황청에 접근시켰으며, 로마의 침략군 롬바르드족을 로마 가톨릭 신앙으로 개종케 하는 데 심혈을 기울였다. 그러나 그의 노력과 정열에 비해서는 로마 가톨릭 교회의 확장은 느렸다. 그는 주후 604년 3월 12일에 죽었다.

2. 무함마드의 출현과 이슬람교 발생

무함마드(Mohammed 570~632)의 출현과 이슬람교 발생은 기독교회의 역사적 충격이요, 각성을 준다. 지금까지 기독교회의 신앙과 역사에서 고찰된 대로, 초대 기독교회와 사도 후 기독교회에서 신앙과 신앙적 논쟁으로 많은 시간과 재정을 낭비했고, 그러는 동안 기독교회의 이단 종파들에 대해서 무관심하게 되면서 이단종파는 자연히 기독교회와 사회에 침투하게 되었다. 몬타너스파, 도나티스파, 아리우스파, 펠라기우스파, 네스토리우스파 등 많은 기독교회의 분파와 이단종파들로 말미암아 기독교회는 혼란을 가져왔다. 또 콘스탄틴 시대 이후에는 기독교회가 동방과 서방으로 분열되어 서로 논쟁을 거듭했다. 이와 같은 기독교회의 역사적 상황 가운데서 무함마드가 출현한 것이다.

무함마드의 생애와 이슬람교 발생

무함마드는 주후 570년 아라비아의 메카(Mecca)에서 출생했다. 그의 조상은 카바(Kaaba)의 신당 관리자인 쿠라이시(Koreish)라는 특별한 족속이다. 물론 그들은 아라비아인이요, 셈족에 속하기도 한다. 그들은 최고의 신 조물주인 알라(Alla)를 믿으며 그 밖에 많은 우상들을 섬기기도 했다. 무함마드는 압두 알라하(Abdu Allah)의 유복자(遺腹子)로서, 그의 어머니는 그가 6세 때 죽었다. 무함마드는 그 후 할아버지 집에서 양육을 받았고, 또한 아저씨 압부 타립(Abu Talib)의 집에서 살았다. 어린 시절을 이렇게 불행한 가운데서 보내며 인격형성이 되고, 아집과 독선, 과격한 성품과 난폭성이 깃들게 되었다. 무함마드는 현실보다는 미래를 추구했는데, 그것도 어떤 요행과 환상적 바람으로써 갈망했다. 그에게는 하나의 미신적 신앙이 생기게 되었고, 신령 징조, 꿈, 주문 등을 믿었다. 그는 어린 시절에 정상적인 교육을 받지 못했고, 양 치는 목동으로 전전하다가 12세에 그의 아저씨를 따라 수리아로 가서 살았다. 여기에서 무함마드는 유대교와 기독교회의 생활 풍습을 터득했고, 아라비아적인 우상숭배와 부도덕한 행위를 절감하게 되었다.

무함마드는 25세 때에 카디자(Kadijah)라는 부요한 과부의 집에서 약대를 끄는 상업을 하다가 마침내 그녀와 동거생활을 하였다. 그는 장사를 하였기 때문에 당시에 많은 지방과 나라를 여행하였고, 자신적 견문과 신앙생활에 대한 깊은 조예를 가졌다. 무함마드는 그의 나이 40세 때에 소위 신적 계시를 받아 스스로 예언자로서 자칭하고, 그의 일신교(一神敎)적 원리를 포교하기 시작했다. 즉 형식과 율법적인 유대교, 세속화되어가는 기독교, 미신적이고 우상적인 아라비아의 신앙은 이미 낡은 시대의 것이요, 오직 신의 지혜를 가지며, 최후적인 계시를 받은 자신에게 모든 신앙과 생활이 전환되어야 한다고 했다.

그러나 무함마드의 포교에 처음에는 추종자가 기껏 그의 아내인 카디자와 그의 두 양자인 알리(Ali)와 자이드(Zaid) 그리고 그의 친구인 아부 바크르(Abu Bakr)뿐이었다. 반면에 그의 친척들과 고향 사람들은 무함마드의 이단적 원리에 반기를 들고 그를 오히려 추방하였다. 무함마드는 메카에서 북쪽으로 약 250마일 떨어진 메디나(Medina)라는 곳으로 도피하였다. 그 해가 바로 주후 622년 7월 15일이며, 무함마드는 이날을 '헤지라'(Hegira, 떠났다는 뜻)라 하였고, 이슬람교의 원년(元年)으로 삼았다. 무함마드는 메디나 사람들의 도움과 그의 추종자들을 규합하여 메카 사람들과 싸워서 그곳의 신당에 있는 우상들을 제하고 이슬람교회 중심지로 삼았다.

이처럼 무함마드의 이슬람교는 유대교, 기독교회 그리고 아라비아의 이교사상을 하나의 일신교 아래 혼합시킨 신앙과 생활을 갖고 있다. 여기서 무함마드의 중요한 원리와 생활규범을 간단히 고찰하려고 한다. 이슬람교는 우주의 절대적 신이며 전능한 창조주인 알라신을 믿으며, 알라신의 종인 무죄한 천사들을 신앙한다. 그리고 신적 계시의 책이며, 이슬람교의 신앙과 생활의 규범인 코란(Koran)을 가지며, 예언자 중의 최후 예언자는 무함마드라 하며, 부활과 최후의 심판

등의 원리가 있다. 그들의 생활규범 중에 몇 가지를 소개하면, 알라신 외에는 다른 신이 없다고 믿으며, 무함마드은 알라신의 예언자라는 신조를 외우고, 메카에 있는 카바(Kaaba) 신당을 향하여 날마다 다섯 가지 일정한 기도를 드리는 일을 행한다. 그 밖에 이슬람교의 달력으로 9월인 라마단(Ramadan)에는 30일 동안 금식하는 것, 그리고 메카를 순례하는 것이 그들의 제일 신앙이며 생활이다. 또한 그들은 음주를 금하고, 돼지고기 먹는 것을 금하며, 반면에 일부다처주의(一夫多妻主義)를 허용한다.

무함마드의 원리와 포교(布敎)

무함마드는 이슬람(Islam, 복종의 뜻)의 신앙으로 아라비아를 통일시키는 정책을 수립했고, 유대교와 기독교회에 대해서는 배타적이다. 무함마드 자신의 가르침과 원리를 아라비아 말로 기록한 것을 코란이라 하는데, 코란은 그들의 신앙과 생활의 규범이다. 이것은 무함마드가 죽은 지 1년 후에 그의 친구이며 후계자인 아부 바크르가 편집하였고, 무함마드의 양자인 자이드(Zaid)가 완성했다. 이슬람교도들은 이것을 신의 계시라고 믿으며, 그들은 신앙뿐만 아니라 정치, 군사 등 모든 면에 실권을 장악하며 이슬람교화한다.

"알라신에게 복종하라. 찬양하라. 그렇지 않으면 칼로 목을 베일 것이다."

이슬람교의 포교적 확장은 무함마드가 죽은 후 더욱 가속화되었다. 그는 주후 632년 63세로 죽었다. 그의 후계자를 '칼리프'(Califs)라 하는데, 제1대 칼리프는 아부 바크르였고, 이때부터 외국 포교가 시작되었다. 그리고 아라비아는 이미 이슬람교에 의해서 정복되었다. 그 후 약 100년 동안 이슬람교는 소위 코란과 칼로써 소아시아와 유럽을 점령했다. 제2대 칼리프 우마르(Umar, 634~644)는 635년 다메섹을 점령했고, 637년에는 예루살렘을 침략했으며, 636년에는 페르시아를 점령하였다. 또한 무함마드교의 장군 암루(Amrou)는 서쪽 이집트에 진군하여 641년 알렉산드리아를 함락하였다. 그는 당시의 유명한 도서관을 불태워 많은 고대의 역사적 자료를 손실하였다. 제3대 칼리프 우스만(Othman, 644~655)은 북부 아프리카를 정복하였다. 이와 같이 이슬람교의 포교적 정복은 컸다. 그것은 중세 기독교회에 있어서 로마 가톨릭의 무기력에서 온 것이며, 기독교회가 복음 전파에 미흡한 데서 발생한 것이다. 반면에 이슬람교는 칼리프의 교권 다툼에서 분열과 분파를 초래하였다.

그것은 이슬람교의 코란경 외에 순나(Sunna)라는 전설이 생긴 데서 기인되었다. 그래서 순나는 전부 승인하고, 스스로를 정통 이슬람교라고 부르는 순니파(Sunnites)와 이를 반대한 시아파(Shites)가 있다. 전자는 소위 주류적 이슬람교로서 터키를 중심한 전체 무함마드교요, 후자는 페르시아를 중심한 무아위야(Moiawiyal) 1세가 이슬람교의 도읍을 다메섹으로 옮기고 포교적 활동에 전심전력을 하였다. 그는 동로마제국의 영토인 아프리카를 점령하고, 697년에는 카르타고까지 빼앗으며, 711년에는 서고트 왕국을 침략했다. 우리는 이슬람교의 문화를 사라센(Saracens)이라 부른다. 사라센 문화는 이슬람교의 포교와 비례하여 크게 번성하였고 지금까지 하나의 문화권을 형성했다. 이것은 헬레니즘과 헤브라이즘의 융합적 문화로 나타난 것이다.

이슬람교의 동방의 포교적 형세를 보면, 주후 632년에서 651년 사이에 페르시아의 전국이 무함마드교의 수중에 들어갔고 또한 인도로부터 스페인까지 넓은 영토를 가졌다. 반면에 서쪽으로의 진출은 여의치 못하였다. 그것은 중세 기독교회의 완강한 저항 때문이요, 711년에 툴(Tour)의 전쟁에서 무함마드교가 프랑크에 패하였기 때문이다.

이상과 같이 약 1세기 동안에 이슬람교는 서쪽으로는 이베리아반도, 동쪽으로는 당(唐)의 국경까지 하나의 사라센 제국을 형성하였다. 그러나 이슬람교의 단일 지배체제는 오래 계속되지 못했으며, 8세기 이후에는 사라센 제국이 동쪽의 바그다드(Baghdad)와 서쪽의 콜도바(Cordoba)의 양 칼리프 대립이 있었고, 10세기 초엽에는 동칼리프로부터 이집트의 카이로 칼리프가 분립하여 마침내 삼 세력이 서로 투쟁을 하였다.

이슬람교의 세력 중에 동칼리프의 하룬 알 라시드(Harunal-Rasid, 786~803) 시대는 바그다드(Baghdad)를 중심으로 한 문화의 황금시대를 이룩했다. 그러나 스페인은 마침내 기독교회의 영향을 입게 되었고, 이슬람교는 쇠퇴하였다. 또한 동족 바그다드 역시 황폐하게 되었다. 반면에 오늘의 이슬람교는 중동 아시아의 주도권을 장악하기 위해서 계속 기독교회의 국가들과 싸우고 있다.

3. 동방 기독교회와 서방 기독교회의 분리(分離)

동서 교회의 분열과 원인

중세 기독교회는 동서 두 개의 기독교회의 분파를 형성하게 되었다. 그중에 하나는 그리스 정교회(Greek orthodox Church)이고, 하나는 로마 가톨릭 교회(Roman Catholic Church)이다. 그들은 수백 년 동안 서로 투쟁을 하였으며, 지금까지도 하나의 모습을 갖지 못하고 있다. 이것은 오랫동안 로마 제국이 동과 서로 나뉘어져 있었던 것이 첫 원인이며, 다른 원인은 로마 카톨릭의 교황이 주후 800년경에 샤를마뉴(Charlemagne) 황제에게 황제의 관을 준 데 있다. 이것은 로마의 기독교회가 정치적으로 동로마 제국을 의지하지 않고, 프랑크인의 왕국을 의지한다는 것을 선언한 것으로 간주되기 때문이다. 그러므로 자연히 동로마 제국의 보호를 받고 있는 그리스 정교회와는 분리가 된 것이다.

이 밖에도 동방 기독교회와 서방 기독교회는 지역과 언어의 사용에서도 구별되었다. 전자는 통속 그리스어를 사용하는 지중해 연안의 기독교회요, 후자는 라틴어를 사용하는 이탈리아 북서 지방과 아프리카 서부 지방의 기독교회들이다. 또한 동방 기독교회인들은 슬라브인과 서방 아시아인의 민족이 들어와서 동양적인 요소가 섞이게 되었고, 그들의 신앙은 내세적인 경향이 현저했다. 서방 기독교회 사람들은 고트인과 게르만족의 새로운 피가 섞이게 되었고, 그들은 현세적 신앙의 경향이 뚜렷했다. 이와 같이 동방과 서방은 지역, 인종, 언어 그리고 정치적 영향 때문에 신앙과 생활의 차이가 있는 것이다.

동서 교회의 분열과 역사

두 교회의 분리의 역사적 배경은 주후 2세기 말부터 싹텄다. 즉 서방 기독교회가 모든 교회의 제도와 의식에서 라틴어를 사용한 데서부터이다. 그리고 콘스탄틴 대제가 로마의 수도를 콘스탄티노플로 옮긴 데도 있다. 또한 주후 325년 니케아의 종교 회의 때에도 두 교회의 분리는 나타났다. 그것은 이 회의가 명목상으로는 서방 기독교회의 호시우스(Hosius)를 회장으로 세웠으나 사용하는 언어는 그리스어였다. 그러므로 서방 기독교회의 소수 참석자들은 하나의 방청객에 지나지 않았다.

그리고 니케아 신조에 있어서 동서 교회는 성령 문제로 서로의 주장을 달리하였다. 동방 기독교회는 성령이 성부 하나님에게서 나온다고 했고, 서방 기독교회는 성령이 성부와 성자에게서 나온다고 가르쳤다. 그 밖에 동서 기독교회의 차이는 서방 기독교회가 로마 교황의 세계적인 권위와 무오성을 주장하는 데 반하여 동방 기독교회는 이것을 반대하였다.

또한 로마 가톨릭 교회는 로마의 교황이 전체 로마 가톨릭 교회를 다스리는 데 비해서 그리스 정교회는 일곱 곳의 큰 교회 중심지에 감독이나 주교를 두는 교구 과두 정치체제를 가졌다. 그리고 서방 기독교회는 동정녀 마리아의 육체적 무오설을 주장하며, 성찬식의 화체설과 연옥설을 인정하고, 성직자는 누구든지 독신생활을 할 것을 강조한다. 그러나 동방 기독교회는 동정녀의 무오설을 반대하며 비록 화체설과 연옥설을 따르나 서방 교회와 같지는 않다. 그들은 성경을 일반 성도들도 읽게 하며 성직자 가운데 일부는 결혼한 것을 인정한다. 그리고 로마 가톨릭은 성찬식 때에 성도들에게 떡만 주고 잔을 주지 않지만 그리스 정교회는 그렇지 않다.

이와 같은 동서 기독교회는 로마의 교황과 콘스탄티노플의 대주교 사이에 얽힌 교권의 싸움으로 인해 마침내 영원한 평행선을 갖게 되었다. 그리스 정교회는 8세기 이후 큰 발전은 없었고, 15세기에 터키 군대가 콘스탄티노플을 점령하자 성 소피아(St. Sofia)의 대주교가 러시아에 피난한 후 실제로 러시아의 정교회가 모든 그리스 정교회의 중추 교회가 되었고, 이집트, 시리아 등 14개국의 그리스정교회 연맹을 조직하여 지금까지 내려오고 있다.

그리스 정교회는 제도상으로 볼 때 성직자들은 대주교, 주교, 신부 장로, 집사 등의 1인 체제하의 전체주의적 기독교회이다. 그들은 7성례(七聖禮)를 거행하며 예배시에 악기를 사용하지 않고, 각종 성상 등을 금하고 있다. 오늘날에는 공산주의 영향 하에서 침체 상태에 있기도 하였으나, 세계기독교협의회(W.C.C.)의 회원으로서 기독교회의 적화에 간접적 활동을 하고 있다.

반면에 로마 가톨릭 교회는 상대적으로 로마의 교황권의 권위 확보와 교황청 중심의 로마 가톨릭 교회로서 지금까지 명맥을 유지하고 있다. 그들은 세계적인 로마 가톨릭 포교에 광분하여 기독교회의 주류적 분파로서 활동을 하고 있다. 그러나 위에서 보는 대로 로마 가톨릭은 그리스 정교회와 같이 기독교회에서 이탈된 기독교회의 가지들이며 이단종파인 것이 분명하다. 왜냐하면 그들은 전통적인 기독교회가 아닌 독자적 행정과 조직 그리고 신앙과 생활의 원리가 있기 때문이다.

필립 샤프(Philip Schaff) 교수는 지적하기를, "오늘날 동방 그리스 정교회와 서방 로마 가톨릭 교회처럼 성격이 서로 같은 두 교회가 없거니와 또한 그들처럼 서로 반대되는 기독교회도 없을 것이다. 그들은 전부가 사도 후 기독교회의 계승을 주장하며, 또한 같은 경전, 원리의식을 갖고 있지만, 서로 배타적이다. 동방의 그리스 정교회는 그들만이 유일한 기독교회라 하며, 로마 가톨릭을 기독교회의 이단(異端)이라고 정죄한다. 반면에 로마 가톨릭은 그들만이 정통 기독교회라 하고, 그 밖의 기독교회는 이단이라고 한다"고 하였다.

우리는 여기서 중세 기독교회에서 그리스 정교회와 로마 가톨릭 교회의 분열은 순전히 정치적 세력에 기독교회가 휩쓸렸고, 또한 양 교회가 세속에 빠져서 서로가 교리 문제를 시비하였고, 교권욕과 지방적 차이, 국민성에 따라서 분열된 것임을 인식해야 한다. 그리고 그들은 기독교회의 역사에 오점을 남겨두었고, 그리스 정교회와 로마 가톨릭의 신앙적 교권적 투쟁 속에서 기독교회의 복음은 강하게 흘렀고 마침내는 개혁 기독교회를 낳게 된 것이다.

4. 십자군 운동의 발흥과 역사

중세 기독교회에서 십자군(十字軍) 운동은 기독교회의 뚜렷한 역사적 사건으로 여기에는 신앙적, 정치적, 경제적인 여러 가지 여건이 포함되어 있다. 그리고 현대 기독교회에까지 영향을 끼친다.

십자군 운동의 원인과 발생

당시 기독교회의 성도들은 신앙적 돌파구를 찾고자 콘스탄틴 시대부터 예수 그리스도께서 나신 베들레헴, 십자가에 못 박힌 골고다, 부활하신 감람산 등의 성지 순례를 하였다. 그러나 주후 638년 예루살렘이 이슬람교에 의해 정복된 후부터는 성지 순례에 지장이 생기게 되었고, 주후 1071년 셀주크군이 소아시아 대부분을 점령하고 예루살렘을 정복한 다음부터는 기독교인들의 성지 순례는 불가능했다. 여기에서 기독교회의 성도들은 신앙적 갈등을 갖게 되었고, 욕구불만이 커지게 되었다.

이와 같은 신앙적 정열을 한데 모은 세력은 매우 커서 이슬람교의 무력적 정복에 대항하기도 했다. 그중에 남부 이탈리아의 노르만족은 1060년과 1090년 사이에 이슬람교의 정복지인 시칠리아를 탈환했고, 페르디난드(Ferdinand, 1028~1065) 1세는 이슬람교에게서 스페인을 다시 찾았다. 이와 같은 상황에서 기독교회는 이슬람교에 대한 신앙적 증오감에 제국의 정치적 세력이 편승하게 되었다.

십자군 운동은 전후 몇 차례에 걸쳐서 성지 탈환(聖地奪還) 원정을 하였다. 십자군 운동은 주후 1096년에서 1099년까지 제1회 십자군부터 1270~1291년까지 프랑스 루이왕이 일으킨 십자군 운동의 원정을 마지막으로 끝이 났다. 이제 십자군 운동의 역사를 간단히 서술하려고 한다.

십자군 운동의 첫 발생 원인은 셀주크(Seljuks)족의 소아시아 점령을 두려워한 동방의 황제 미카엘 7세(Micheal Ⅶ, 1067~1078)가 그레고리 7세 교황에게 원조를 요청한 데서 기인되었다. 당시에 로마의 교황권 확장에 열중하였던 그레고리 7세는 이것을 그리스 교회가 서방 기독교회와 연합하려는 타협인 줄 생각하고 1074년에 하인리히 4세에게 허락하였다. 그러나 이 계획은 서로의 임직식 관계로 좌절되었고, 교황 우르바노(Urban) 2세가 성공시켰다. 그는 동방 제국의 황제 알렉시우스 1세(Alexius I, 1081~1118)가 동방 제국을 위협하는 터키 군대의 위험을 당해낼 군사적 능력이 없음을 자인하고 자기에게 도움을 요청할 때 원조하기로 했다. 교황 우르바노 2세는 1095년 3월

북부 이탈리아의 피아첸차(Piacenza)에서 회의를 소집하였다. 그리고 그 해 11월에 클레르몽(Clermont)에서 다시 회의를 열고 십자군 원정을 호소하였다. 당시 기독교회의 성도들과 지도자들은 이것을 신의 뜻이라고 생각하여 참여하기로 했고, 교황은 십자군 원정에 종군한 자에게는 그의 공덕으로 모든 죄를 사면받을 것이라고 하였다.

십자군 운동의 역사와 결과

제1차 십자군(1096~1099)은 베드로(Peter of the Hermit)가 인솔한 군대가 선봉으로 출발했고, 부용의 고드프루아(Godfrey of Bouillon), 툴루즈의 레이먼드(Count Raymond of Toulouse), 노르망디의 로버트(Robert of Normandy) 그리고 베르망두아의 휴(Hugh of Vermandois) 등이 거느리는 약 30만의 십자군이 콘스탄티노플을 거쳐서 1097년 6월에 니케아를 함락시켰고, 나아가서 에데사와 안디옥을 취하였다. 그리고 1099년 6월 예루살렘에 진군하여 격전 끝에 7월 15일에 함락하였다. 또한 그들은 1099년 8월 12일에 이집트의 이슬람교의 원정군을 아스카론(Ascalon) 근처에서 격퇴시키고 성지 회복(聖地回復)에 성공했다.

십자군의 원정군은 부용의 고드프루아를 성묘의 보호자(Protector of the Holy Sepulchre)로 뽑아 그로 하여금 기독교회의 예루살렘 왕국을 세우게 했다. 예루살렘, 욥바, 나사렛 그리고 가이샤라는 이 왕국에 속했고 라오디기아, 티베리아, 안디옥, 에데사는 독립된 봉건제도 하의 예루살렘 왕국에 속하게 하였다. 그러나 주후 1146년 에데사가 이슬람교에 의해서 함락되고, 예루살렘 왕국은 매우 위태롭게 되었다.

제2회 십자군(1147~1148)은 당시에 가장 명성이 높던 성 베르나르(St. Bernard)가 새로운 십자군을 모집하였고, 프랑스의 루이 7세(1137~1180)와 독일의 콘라트 3세(1138~1152)의 협조를 받았다. 1147년에 제2차 십자군의 원정을 갔으나 소아시아에서 터키군에 패하고, 남은 십자군은 다메섹을 1148년에 공격하였으나 함락하지 못하고 돌아오고 말았다. 그 후 예루살렘 왕국은 약 40년간 겨우 명맥을 유지하였다. 그것은 이슬람교의 군후(君侯) 간의 불화 때문이었다. 그러나 1171년에 아시아 남서부의 쿠르디스탄(Kurdistan) 이슬람교를 통일하여, 1187년 10월 3일에 예루살렘을 점령하였다. 이 소식이 유럽의 기독교회에 전해지자 곧 제3차 십자군 운동이 일어났다.

제3차 십자군 운동(1186~1192)은 독일의 황제 프리드리히 1세(Frederick Barbarossa, 1152~1190), 프랑스의 국왕 필리프 2세(Philip Augustus, 1179~1223), 영국의 국왕 리처드(Richard, 1189~1199) 등의 3대군이 성지 회복의 십자군으로 원정을 하였다. 그러나 독일의 황제는 소아시아까지 가서 이코니움강에서 목욕을 하다가 익사했고, 프랑스군과 영국군은 아크레(Acre)를 회복하였으나 예루살렘에는 이르지 못했다. 프랑스와 영국의 국왕은 서로 점령지에 대한 생각이 달랐다. 프랑스의 필리프왕은 국내에서 자신의 지위를 확보하기 위해서 도중에 돌아가버렸고, 영국의 리처드는 살라딘과 싸우다가 3년의 휴전협정을 맺고 전쟁을 끝냈다.

제4차 십자군 운동(1202~1204)은 교황 이노센트(Innocent) 3세가 모집하였다. 그들은 성지를 완전히 점령하려면 먼저 이집트를 정복하여야 된다고 생각을 하였다. 그리고 베네치아 상인과 결탁하여 그곳으로 군대를 수송해달라고 하였다. 십자군은 그 운임을 다 부담할 수 없어서 베네치아 상인들의 농간에 넘어갔다. 그들은 그 대가로 도중에서 베네치아의 원수인 자라(Zara)의 땅을 헝가리로부터 빼앗아 베네치아 상인들에게 주기로 했다. 그 밖에 동방 제국의 왕권 찬탈(簒奪)에 개입되어서 알렉시우스(1195~1203) 3세를 폐위시키기도 했다. 이와 같이 십자군은 처음의 목적에서 이탈하여 정치적 술책에 휩쓸리게 되었다.

제5차 십자군 운동(1218~1229)은 소위 소년 십자군(Children's Cursade)으로 매우 비참한 사건이 되었다. 목동 스테반(Stephen)과 독일의 소년 니콜라스(Nicholas)가 수천 명의 소년을 모아 출전했으나 그들은 이슬람교의 군대에 크게 참패를 당하고 이탈리아로 흩어졌고, 대부분은 이집트의 노예로 팔려갔다.

제6차 십자군 운동(1227~1229)은 로마의 교황 그레고리(Gregory) 9세 때에 독일의 프리드리히 2세(Frederick Ⅱ, 1212~1250)가 원정을 하였다. 그러나 교황이 십자군 원정의 약속을 늦추었다. 독일의 황제는 출교에도 불구하고 1228년에 출전하여 싸우지 않고 협상을 통해서 이집트의 술탄(Sultan)과 10년간 휴전을 약속받고 예루살렘, 욥바, 베들레헴 그리고 나사렛을 얻고 돌아왔다. 이것은 1229년의 일이다. 그러므로 예루살렘은 1224년에 다시 이슬람교에 빼앗겼다. 그 후 지금까지 기독교회의 성지는 이방신교인 이슬람교의 손에 들어갔다. 그러나 6일 전쟁 이후 예루살렘 성지는 이스라엘이 다시 회복하였다.

이 밖에 프랑스의 루이 9세(St. Louis, 1226~1270)가 십자군을 일으켜 이집트에 원정을 했으나 포로로 잡혔고, 1270년에는 튀니스(Tunis)를 공격하다가 전사하였다. 또한 영국의 에드워드 1세(Edward Ⅰ, 1272~1307)는 왕위에 오르기 전에 1271~1271년 사이에 십자군 원정을 가졌다. 그는 아크레(Acre)로 진군하여 나사렛을 취하고 약 10년간 강화조약을 맺고 돌아왔다. 그 후 십자군 운동은 없었고, 기독교회는 성지 회복을 끝내 못했으며 이슬람교는 유럽에 진출하였다.

십자군 운동에 대해서 기독교회의 역사적 평가는 중세 기독교회가 정치와 야합(野合)하여 탈선한 것을 말할 수 있다. 특히 제국의 황제와 로마 교황 사이의 권력 투쟁은 기독교회를 세속화시켰고, 기독교회의 복음에 반작용을 일으켰다. 그러나 중세 기독교회의 십자군 운동이 신앙과 정치적인 면에서는 낮게 평가를 받지만, 유럽 사회에 끼친 영향은 매우 컸다. 유럽 각 국민의 단결을 촉진시켰고, 기독교회가 하나님의 목적 아래 단합과 통일을 이루었다. 그리고 이슬람교의 포교적 침략을 막았고, 귀족이 재산을 잃어 봉건제도가 무너졌으며 중산(中産) 사회가 일어나게 하는 데 큰 도움이 되었다. 그 밖에 해운(海運)의 발달을 촉진시켰고, 상업이 발달되었다. 유럽 사회가 동방의 문화를 접촉하여 세계에 문호를 개방한 점도 중요하다. 특히 정신문화의 각성이 크게 나타나 중세 로마 가톨릭의 스콜라주의가 발달되기도 하였다.

하르낙(Harnark) 교수는 십자군 운동을 평가하기를, "십자군 운동으로 초대 기독교회 의식이 회복되었고, 성지(聖地)는 모든 사람들에게 신앙적 자극을 크게 주었으며, 복음서에 나타난 예수 그리스도에게로 인도하였다"고 했다. 중세 기독교회의 예배와 예식을 통한 추상적 복음을 역사적 예수 그리스도의 복음으로 새롭게 인식시켰다는 것이다.

5. 중세 기독교회의 신비주의 사상

중세 기독교회에서 기독교회의 신앙은 한편으로는 신비주의적 경향을 갖고 나타났다. 당시 기독교회들은 정치와 야합하여 세속화되었고 기독교회의 지도자들은 교권욕에 타락하였다. 자연히 기독교회의 복음은 생명력을 잃게 되었고, 많은 성도들은 신앙과 생활의 안정을 갖지 못했다. 그들은 현세적 생활보다는 내세적 세계를 동경하였고 금욕주의를 갈망했다. 그리고 수도원 생활을 좋아했고 신비주의적인 경건 생활을 갈망했다. 여기에서 기독교회의 신앙적 흐름을 조성하게 되었다.

이와 같은 기독교회의 신앙과 생활은 프랑스, 독일, 스페인, 이탈리아, 네덜란드 등의 유럽 각지에서 일어났다. 우리는 여기서 그들의 신앙적 추세를 고찰함으로써 중세 기독교회와 개혁 기독교회의 신앙적 흐름과 연관을 알 수 있다. 또한 중세 기독교회의 신비주의 신앙이 로마 가톨릭 교회와는 멀지만 기독교회에는 가까운 면을 볼 수 있다. 다시 말하면 그들의 자체적 금욕주의나 고행주의, 그리고 수도원 생활에서보다는 그들의 신앙과 생활의 역사적 흐름 속에서 발전된다는 의미이다.

프랑스의 베르나르와 신비주의

중세 프랑스의 기독교회는 새로운 신앙적 운동이 번지게 되었다. 그것은 경건주의와 신비주의이다. 이와 같은 신앙적 바탕은 수도원에서 일기 시작했다. 특별히 12세기에 가장 신비주의 신앙을 고취한 사람은 시토(Citeaux) 수도원을 성공시킨 베르나르(Jean Bernard, 1090~1153)이다. 그는 프랑스 디종(Dijon) 근처의 퐁텐(Fontaines)에서 태어났다. 그의 아버지는 제1회 십자군 운동에 가담하여 전사하였고, 그의 어머니는 신앙이 독실하고 단순하며 사랑이 많은 분이었다.

베르나르는 7남매 중에 셋째 아들로서 어릴 때부터 수도원 생활을 좋아했다. 그는 24세에 시토의 수도원에 들어갔으며, 그곳에서 2년간 수도원 생활을 하였다. 그리고 그는 자신을 발견하였고 당시 수도원의 부패상과 기독교회의 타락을 알게 되었다.

베르나르는 1115년에 시토 수도원을 떠나서 새로운 클레르보(Clairvaux) 수도원을 창설하였고, 죽을 때까지 수도원 원장으로 일하였다. 그는 지극히 거룩한 생활을 하였고, 신앙의 깊은 경지를 추구하였다. 그의 영적인 최고의 희열은 예수 그리스도를 묵상하고, 신앙과 생활의 비전을 갖는 것이었다. 뿐만 아니라 그는 클레르보의 수도원에 국한된 활동을 하지 않았고, 군중의 설교가로 나타나기도 했으며 많은 기독교회의 요청에 따라서 널리 전도여행을 하기도 했다. 당시에 그의 신앙과 생활의 영향은 로마 가톨릭의 교황을 능가했다. 그는 1130년에 추기경 둘을 교황으로 선출하여 분열된 교황청을 수습하기도 했다. 또한 그의 노력과 원조로 제2차 십자군 운동이 일어나기도 했다.

베르나르의 신비주의 신앙은 어떤 무한자(無限者)에 대한 동경에 그치지 않고 예수 그리스도의 십자가의 고통을 사모하여 십자가의 고통에 동참하는 신앙적 신비였다. 이와 같은 신비주의 신앙은 동방 기독교회의 오리겐(Origen)에서 시작하여 그리스 기독교회의 교부들에게 나타났고, 중세 십자군 운동으로 말미암아 더욱 고취되었다. 이것은 십자군 운동을 통해서 서방 기독교회에 있어 참 사람이신 예수 그리스도에 관한 관심이 컸다는 의미이다.

　베르나르는 이와 같은 사상적 기반에서 예수 그리스도를 중심한 신앙적 체험에서 신비적인 세계로의 지향을 말하였다. 그의 신앙적 구원에 대한 신비를 살펴보면 다음과 같다.

　첫째 단계는, 한 개인이 기독교회의 교리를 마음속에 기쁜 마음으로 받아들이고, 다음에 예수 그리스도의 거룩하심과 순결하심에 대하여 깊은 명상을 하게 되면 그는 자신이 죄인임을 깨닫게 되고 하나님의 진노를 알게 된다. 그리고 예수 그리스도의 사랑을 터득하게 되면 죄에 대한 하나님의 용서를 확신하게 된다는 것이다. 이것이 회심의 단계요, 신앙적 신비의 첫 단계이다. 베르나르는 이와 같은 회심의 단계를 마치 예수 그리스도의 발에 입 맞추는 것으로 비유했다.

　둘째 단계는, 예수 그리스도에 나타난 하나님의 사랑에 대한 깊은 각성을 통해서 예수 그리스도의 사랑과 인내와 겸손 그리고 그의 순종을 본받아 그대로 행하고자 하는 충동이 일깨워진다. 그리고 자신의 의지를 하나님의 뜻에 완전히 복종케 하는 회개의 단계에 이른다고 했다. 이것은 예수 그리스도의 손에 입 맞추는 것으로 설명했다.

　셋째 단계로, 예수 그리스도의 입술에 맞추는 신비적 황홀경이라는 것이다. 이것은 하나님에 대한 영적 체험이며, 감각적 수단에 의해서가 아니고 개인의 영혼 속에서 일어나는 자발적인 합일세계(合一世界)이며, 또한 개인의 심리학적인 감명이나 도취가 아니고 하나님을 향한 영혼의 갈망 혹은 신비라고 했다.

　이와 같이 베르나르는 예수 그리스도를 통한 각자의 신앙적 의지의 복종으로써 자신적인 직접 통찰로 하나님의 실재와 사죄를 말하였다. 그는 자신의 신비주의 신앙을 정통 기독교회의 교리라고 주장했고, 1140년 상스(Sens)의 기독교회의 회의에서는 아벨라르(Peter Abelard 1079~1142)를 정죄하였다. 성 베르나르에 대해서 루터(M. Luther)는 말하기를, "베르나르는 예수님을 지극히 사랑했다"고 했으며, 하르낙(A. Harnark) 교수는, '성 베르나르는 13세기 기독교회의 천재'라고 했다.

아벨라르는 프랑스 브르타뉴(Bretagne)의 르팔레(Le Pallet)에서 출생했고, 샹포의 윌리엄(William of Champeaux)에게 당시의 학문을 배웠다. 젊은 학자로서 명성을 얻었으며, 그의 에스겔서에 대한 강의는 선풍적인 인기를 모았다. 그는 당시의 신앙과 신학적 논쟁의 소용돌이 속에서 중간적 입장을 취했다. 즉 유명론(唯名論)과 실재론(實在論)의 논쟁에서, 아벨라르는 실재하는 것은 개체뿐이지만 유와 종(Genera and Species)은 이름 이상의 것이라고 했다. 아벨라르와 동료인 풀뵈르(Fulbert)의 조카요 노트르담(Notre Dame)의 선생인 엘로이즈(Heloise)와의 연애 사건은 그를 불행하게 만들었다. 그는 그녀와 동거생활을 하였고 매우 행복한 삶을 추구했다. 그러나 엘로이즈의 삼촌은 그들의 불륜한 관계에 격분하여 아벨라르를 매장시켰다. 그 후 생 드니(St. Denis)의 수도원에 들어갔으며,『하나님의 단일성과 삼위일체에 관하여』(Concering the Divine Unity and Trinity)라는 논문으로 또다시 파문을 일으켰다. 결국 그는 사벨리우스주의(Sabellianism)자라는 이유로 정죄당하였다. 뿐만 아니라 베르나르의 신앙적 고소로 기독교회의 합리주의자요, 이단자라고 상스(Sens)의 회의에서 정죄되었다. 아벨라르는 자기의 억울함을 로마의 교황 이노센트 3세에게 호소하였으나 좌절되고 말았다. 1142년 클뤼니 수도원에서 죽었다.

아벨라르는 그의『예와 아니오』(Yes and No)라는 저서에서 처음으로 기독교회의 변증법적 방법을 신학적 논술에 적용하였다. 그는 "나는 믿기 위하여 안다", "신앙적 회의를 통해서 진리에 도달할 수 있다"고 하였다. 그의 『예와 아니오』는 하나하나의 기독교회 교리에 대하여 성경, 교부들의 저작, 교황들의 가르침, 그리고 교회법에서 서로 상반되는 긍정과 부정의 두 가지 의견을 모아 나열한 것으로, 상이한 여러 권위에 대한 합리적 연구의 적용에 의해서 측정됨을 밝힌 것이다. 아벨라르는 성경의 영감에 대해서 매우 자유로운 의견을 가지고 성령의 계시는 신앙과 소망과 사랑과 성례전에만 관계되는 것이고, 그 밖에 적용하는 것은 비성경적이라고 했다. 선지자나 사도들도 잘못될 수 있다는 것을 내포하고, 성경의 원죄설(原罪說)에 대해서는 각 개인의 자유로운 의지에 기인한 것이라고 했다. 그리고 예수 그리스도의 십자가는 하나님의 사랑의 표현으로서 하나님의 아들의 희생으로 죄인의 영혼이 감화되어 녹아져서 근심과 회개할 마음을 일으키게 하는 길일 뿐이라고 했다. 이것은 근세 기독교회의 도덕감화설(道德感化說)에 영향을 주었다. 아벨라르의 제자는 롬바르드(Peter Lombard, 1095~1164)이다.

우리는 베르나르와 아벨라르의 신앙적 논쟁에서 중세 기독교회의 신비주의 신앙과 스콜라주의를 엿볼 수 있고 중세 유럽 기독교회의 신앙과 역사를 알 수 있다. 그들은 근본에서 서로 반대적인 것은 아니었다. 즉 베르나르는 주관적인 직관을 통한 신앙을 내세웠고, 아벨라르는 객관적인 추리를 중히 여기는 신앙이었다. 기독교회의 신앙적 입장에서 보면 베르나르는 신앙의 보수주의적인 면이 있고, 아벨라르는 신앙의 자유주의적인 면이 강하다고 평가할 수 있다.

사도적 청빈주의의 카타리파(Cathari)와 발도파(Waldenses)

중세 기독교회의 신비주의 신앙 가운데서 지역적으로 보면 프랑스는 신비주의적 정적이요 시(時)적이며 내세적인 반면에 독일의 신비주의는 지적이요 의지적이며 현실적인 면이 있다. 그들 가운데 프랑스의 남부, 이탈리아의 북부, 스페인의 북부 지방에 크게 자리를 잡고 있는 카타리 신비주의 신앙 단체가 있다. 그들은 열정적이며 금욕주의적 생활을 철저히 하고, 자신들만이 유일한 사도적 청빈주의자(使徒的 淸貧主義者)라고 한다. 그리고 제2차 십자군 원정에 크게 실패하자 기독교회를 비판하면서 기독교회의 세속화와 권력의 야합에 날카로운 화살을 쏘았다. 주후 12세기경의 로마 가톨릭교에 가장 큰 위협적인 존재였던 것이다.

그들의 신앙적 원리를 보면, 신(神)은 선신(善神)과 악신(惡神)이 있는데, 눈에 보이는 이 세계는 악신의 세력이요, 인간의 악신은 포로생활에서 죄악을 범하며, 아담과 하와의 원죄는 인간의 죄적인 출생이라고 하였다. 그들이 구원을 받으려면 회개와 금욕생활을 해야 하며, 또한 신적 위로가 필요하다고 했다. 뿐만 아니라 그들은 세례의식은 죄를 사해주며 선한 신의 나라에 들어가게 한다고 했다. 이것은 머리 위에 요한복음을 올려놓고 안수를 함으로써 이루어지고, 이것이야 말로 사도적 계승이라 했다. 그리고 신적 은혜를 상실치 않기 위해서 결혼을 삼가야 하며 맹세, 전쟁, 재물욕, 육식(肉食) 등을 금했다.

카타리파의 신비주의 신앙은 고대 기독교회의 이교(異敎)인 마니교적 이원론으로, 선신과 악신의 소용돌이 속에서의 인간, 자연, 세계를 보고 있는 것이다. 또한 그들의 신앙적 단면 역시 복합적이고 주관적인 독단주의이다. 카타리파는 독자적으로 번역한 축소판 성경을 갖고 있으며, 구약 중에는 시편과 예언서, 신약에서는 요한복음을 위시했다. 그들은 물질적인 것은 악으로부터 온 것이기 때문에 예수 그리스도가 참 육체를 가졌다거나 참으로 죽었다거나 하는 것은 있을 수 없으며 십자가의 대속을 부인한다. 또한 악한 세력으로 인한 물질로 교회를 짓고 장식하는 것은 선한 신에 대한 도전이라고 그것을 반대한다. 그들의 예배는 단순하며, 주로 요한복음을 봉독하며, 간단한 메시지가 있고, 그들의 추종자들은 무릎을 꿇고 신적 위로(Consolation)를 받은 자에게 경배한다. 카타리파는 한 달에 한 번씩 여러 곳에서 일종의 성만찬으로써 공동식사를 하고 떡을 성별하여 먹는다. 그들의 위로자들은 정직하고 경건한 사람들이며 신앙적 모범자들이었다.

다음으로 중세 기독교회의 신비주의 신앙 가운데 소위 사도적 청빈주의를 주장한 발도파가 있다. 주후 1176년 리용(Lyons)의 부유한 상인 왈도(Waldo)는 성 알렉시스(St. Alexis)의 이야기를 듣고 신앙적 결심이 생겨 모든 재산을 팔아서 가난한 자에게 나누어주었다. 그리고 그는 예수 그리스도와 사도들의 가르침대로 생활과 전도에 힘을 썼다. 즉 성경대로 먹고 입고 살 생각으로 신약성경 한 권을 가지고 기독교회의 복음을 전했다. 그의 신앙과 생활의 감화를 받은 추종자들이 많이 생기게 되고, 그들은 스스로 마음이 가난한 자라고 하였다. 그리고 1179년 제3차 라테란(Lateran) 회의에 그들의 전도와 설교 허락을 요청하였으나 로마의 교황 알렉산더 3세(1159~1181)는 허락을 거절하였다. 왈도와 그의 추종자들은 이것은 하나님의 음성을 거역하는 인간의 음성이라고 생각하고, 열심히 전도와 설교를 계속했다. 그러나 로마의 교황 루키우스 3세(Lucius Ⅲ, 1181~1185)는 1184년에 그들을 불순종한다는 이유로 파멸하여 이단으로 정죄하였다.

그러나 발도파는 로마 가톨릭 교회에서 떠나서 프랑스 남부, 독일 남부, 이탈리아, 그리고 에스파냐까지 계속 전도와 설교로 크게 활동을 했다. 그들은 모든 신앙과 생활의 유일한 원리는 성경이며, 그중에도 신약성경이라 하고, 로마 가톨릭의 모든 전통과 의식을 부인했다. 발도파는 로마 가톨릭의 연옥교리(煉獄敎理)와 죽은 자를 위한 기도는 비성경적이라며 부인했다. 그들의 생활은 둘씩 짝지어 전도하는 것이요, 한 벌의 옷을 입었고, 맨발로 다녔고, 그리고 월, 수, 금은 금식을 했다. 그러나 1215년 로마 가톨릭 교회의 이노센트(Innocent, 1193~1216) 3세는 발도파를 탄압했고, 1229년 툴루즈(Toulouse)의 로마 가톨릭 회의는 일반에게 성경 사용하는 것을 금지하였다. 이처럼 발도파는 고난과 핍박을 받았지만 그들의 신앙과 생활은 오늘에 이르고 있으며, 개혁 기독교회의 시대는 그들에게 가담되었다.

도미닉(Dominic)과 프란시스(Francis) 수도원 운동

중세 기독교회에서 신비주의 신앙의 본산은 도미닉과 프란시스, 그 밖에 갈멜산 어거스틴 수도원 등이 핵심적이었다. 지금까지 수도원은 현실 도피주의 혹은 타개주의자들의 집합체로 알려졌는데, 그것은 그들이 청빈생활, 금욕주의적 고행주의, 신앙적 경건주의를 주장하고, 대부분의 수도원이 물 좋고 경치가 좋은 깊은 산 속에 자리잡고 있었기 때문이다. 그러나 중세 기독교회의 수도원은 로마 가톨릭 교회의 신앙과 생활의 중심지요 활동무대였다. 그러므로 수도원은 기독교회의 역할을 하였다. 여기에서 역사적 기독교회의 신앙과 역사가 흘러

넘쳤던 것이다. 그것은 사도적 청빈과 신앙이었다. 우리는 많은 수도원 가운데 당시에 가장 신앙적 감화를 준 도미닉과 프란시스 수도원을 고찰하려고 한다.

도미닉(Dominic) 수도원은 도미닉에 의해서 설립되었다. 그는 1170년 스페인 카스티야에서 출생하였다. 팔렌시아(Palencia)에서 공부했고, 그곳의 감독 디에고(Diego of Aceevedo)에게 은총을 입고 어거스틴파의 주도적 역할을 했다. 그리고 이슬람교와 이단의 무리를 교화시키는 데 열심을 가졌다. 그러나 당시의 로마 가톨릭 교회는 무기력했고 기독교회의 복음을 변증하는 데 미천하였다. 도미닉은 1215년에 그의 친구가 기증한 집을 보수하여 독자적인 신앙생활을 전개하였다. 이것이 도미닉 수도원의 시초로서 툴루즈(Toulouse)에 세웠다. 로마의 라테란 제4회 때 교황 이노센트 3세에게 수도원 건립 청원을 하였으나 거절당하였다. 그러나 그들은 꾸준한 전도와 사도적 청빈생활을 하였고 로마의 교황 호노리오 3세(1216~1227)는 도미닉 수도원을 인정하였다. 또한 도미닉 수도원은 로마의 교황청의 정신교육 훈련장이 되기도 했다.

도미닉 수도원은 탁발생활(Mendicancy)을 생활 원리로 삼았고 걸식생활(乞食生活)을 하였다. 그러나 도미닉 수도원의 영향은 이탈리아, 스페인, 프랑스, 폴란드 등에 미쳤고 1221년 도미닉이 죽을 때에는 여덟 나라에 약 60여 개의 수도원 분원들이 있었다. 도미닉 수도원은 전도와 교육에 힘썼고 의식 제도보다는 말씀을 통한 감화, 안일주의보다는 금욕주의적 고행주의를 실천했다. 도미닉 수도원의 감화를 입은 사람들은 저명한 대학자인 마그누스(Albertus Magnus), 아퀴나스(Thomas Aquinas), 기독교회의 신비주의 신앙을 제공한 에크하르트(Eckhart), 타울러(John Tauler), 그리고 개혁 기독교회의 사보나롤라(Savonarola) 등이 있다.

다음으로 프란시스(Francis) 수도원은 중세 기독교회의 신비주의 신앙을 더욱 고취시켰다. 프란시스(Francis)는 1182년 이탈리아의 아시시(Assisi)에서 태어났다. 그의 부친은 큰 포목상을 경영하였다. 프란시스는 젊은 날에 허랑방탕하였는데 서민층과 귀족 사이에 충돌이 있었을 때에 서민층을 옹위하였으며, 페루자아(Perugia)의 싸움에서 전쟁 포로가 되기도 했었다. 그 후 프란시스는 아퀼라(Aquila) 원정군에 참여하기도 했으나 도중에 귀가하였다. 그에게는 전쟁도, 부귀도, 명예도 무용지물(無用之物)이요, 오히려 인간의 삶이 고통스럽고 괴로웠던 것이다. 그런데 그는 길거리의 병자들과 빈민굴의 가난한 자들을 볼 때에 동정과 자신적 반항이 생겼다고 했다. 하루는 말을 타고 길거리를 지나가는데 나환자를 만나게 되었다. 그는 말에서 내려 그에게 사랑을 베풀었다. 프란시스는 그때를 회고하면서 말하기를, "내가 아직도 죄 가운데 있을 때에는 나환자를 보기가 너무도 싫었다. 그러나 예수 그리스도께서 나를 인도하시니 이제 나는 그들을 동정한다. 그리고 내가 죄를 떠난 후 전에는 밉고 싫던 것이 아름답고 좋게 변화하였다"고 했다.

어느 날 프란시스는 로마를 순례할 때 신적인 음성을 들었다고 한다. 그것은 '하나님의 무너진 집을 다시 세우라'는 것이었다. 그는 즉시 집에 되돌아가서, 아버지의 포목상 창고에서 물건을 훔쳐다가 그것으로 아시시 근처에 있는 성 다미안(St. Damian)의 교회를 재건하였다. 아버지는 프란시스의 행동에 분개하였고, 그들은 이 일로 서로 헤어지게 되었다. 그 후 2년간 프란시스는 유리걸식(流離乞食)하였고,

맨발로 다녔으며, 가난한 자와 병자들을 위로하고 보살폈다.

1208년 프란시스는 마태복음 10장 7~14절의 사도적 청빈과 전도 생활을 실천하였다. 그는 두 사람씩 짝지어 전도하게 하였고, 간단한 차림으로 복음 전선에 나섰다. 프란시스는 전도, 청빈, 봉사를 신앙 원리로 주창했다. 그들은 처음에는 '소형제(小兄弟)단', 또는 '아시시의 참회단'(Penitents of Assisi)이라 했는데, 1216년에는 '겸손한 형제들'(Humble Brethren)이라고 했다. 프란시스 수도원은 로마 교황 이노센트 3세가 발도파를 완화시킬 타협책으로 인정하였고, 호노리오 3세 때는 그의 보호를 받기까지 했다. 그러나 프란시스 수도원은 외형적으로는 로마 가톨릭 교회의 보호와 지원을 받은 것 같으나, 사실상 그들의 세력이 크고 로마 가톨릭에 대한 도전이 강하므로 자의반 타의반에 의해서 인정하게 된 것뿐이다.

프란시스는 전도와 봉사에 힘쓰며 극단적인 금욕생활을 하였다. 그러나 본래부터 쇠약한 그의 건강은 더욱 나빠져, 자신은 조용한 산중에서 은둔을 하면서 산천초목과 노래하고 신앙적 깊은 경지에서 살았다. 그는 1226년 10월 3일 그의 나이 45세 때에 세상을 떠났다. 프란시스는 로마의 교황 그레고리 9세에 의하여 성자의 칭호를 받았다. 그의 여제자 클라라(Clara Sciffi of Assisi, 1194~1253)는 여자 수도원을 설립하였고, 아무것도 소유하지 않고, 오직 자급자족과 희사금으로 생활을 했으며, 수도원을 운영했다. 그리고 그들은 토지를 기증받아 수도원을 세웠고, 그것은 그들의 소유가 되었다.

프란시스 수도원은 프란시스가 죽은 후에 양분되어 서로 크게 상처를 입었다. 하나는 소위 엄격파(Obervant)이고, 또 하나는 완화파(Conventual)였다. 전자는 예수 그리스도와 사도들의 청빈생활을 강조했고, 후자는 수도원의 세력과 영향력을 중히 여겼다. 로마 교황 요한 22세(1316~1334)는 엄격파를 핍박하고 완화파를 도왔다. 그러나 양파는 싸움이 끊이지 않았고 로마 교황 레오 10세(1513~1521)는 1517년에 프란시스 수도원의 분열을 공식적으로 인정했다. 당시에 엄격파에 속해왔던 이탈리아 남단의 플로리스(Floris)의 요아킴(Joachim, 1135~1202)은 역사의 시대를 성부, 성자, 그리고 성령의 시대로 구분하였고, 성령시대는 1260년에 완전히 오는데 그것은 영원한 복음(계 12:6)을 이해하는 사람들의 시대라고 했다. 그러나 로마 교황 요한 22세는 그들을 화형시켰고 이단으로 정죄했다.

우리는 도미닉과 프란시스 수도원 운동이 중세 기독교회의 신비주의 신앙을 한편으로 형성하고, 거기에는 기독교회의 신앙과 역사가 흐르고 있음을 지적했다. 그들은 로마 가톨릭 교회에 대한 내적인 비판을 하였는데, 동시에 로마 가톨릭 교회의 보호 아래서 포교적 활동이 컸던 것을 알 수 있었다.

6. 토마스 아퀴나스와 스콜라주의

중세 기독교회의 로마 카톨릭의 신앙과 신학을 일반적으로 스콜라주의(Scholasticism)라 한다. 11세기에 이르러 프랑스에 대학들이 세워지고, 고전, 철학, 논리학, 그리고 변증학적인 방법을 적용하여 기독교회의 신앙과 신학을 해석하는 일이 학교와 강단을 중심으로 시작하였기 때문이다. 그러나 스콜라주의는 후에 로마 가톨릭 교회의 신앙과 신학을 의미하게 되었다.

우리는 여기에서 토마스 아퀴나스(Thomas Aquinas, 1224~1274)와 스콜라주의를 고찰하려고 한다. 이것을 통해 기독교회의 복음이 철학과 과학의 옷을 입고 얼마나 변질되었고, 로마 가톨릭 교회는 어떻게 그들의 신앙과 역사를 형성하였는가를 살펴보면, 이와 같은 변형 속에서 기독교회의 복음의 불변성과 현실성을 고찰하려고 한다.

스콜라주의의 역사적 배경과 발생

기독교회는 초지일관 역사적 신앙과 교리를 가지고 있었다. 그런데 중세 스콜라주의는 철학적 방식을 통해서 기독교회의 복음을 설명하고 변증하였다. 이와 같은 역사적 배경을 거슬러 올라가면, 아일랜드 출신의 존 스코투스 에리게나(John Scotus Erigena, 810~877)가 있다. 그는 845년 프랑스의 황제 샤를 2세(Charles Ⅱ)의 초청을 받아 궁정 학교의 선생을 했고, 『위 디오니소스』(Pseudo-Dioysius)을 번역하였으며, 『자연의 구분』(De Division Natural, 862)을 저술했다. 그리고 그리스 기독교회의 교부들을 연구한 제일의 학자이기도 했다.

에리게나는 하나님과 우주와의 관계를 다음과 같이 설명했다. 즉 "우주는 하나님 안에 있고, 하나님은 우주 안에 있어서 그 본질과 그 정신과 그 생명이 되며, 그의 창조는 영원하며, 영속적인 행위로서 처음도 없고 끝도 없다"고 했다. 이것은 분명히 범신론적인 입장이다. 왜냐하면 하나님은 자존하시고, 그의 주권적 사역으로 인간과 자연을 창조하였기 때문이다. 에리게나는 주장하기를, "우주는 하나님께로부터 나와서 하나님께로 돌아가며, 자연은 인간으로 말미암아 하나님께로 돌아가고, 인간은 예수 그리스도로 말미암아 하나님께로 돌아간다."고 했다. 이것은 그가 철학과 신학, 이성과 신앙은 한 목적을 가지며 동일하나 단지 형식만 다른 것으로 생각한 것이다. 이와 같은 신앙과 신학적 태도가 곧 스콜라주의에 나타난다. 우리는 스콜라주의가 안셀무스(Anselmus, 1033~1109)에서 시작하여 토마스 아퀴나스에서 전성시대를 갖고, 그 후에는 몰락한 것을 볼 수 있다.

스콜라주의는 '우주의 본질'을 논하는 데서부터 시작되었고, 안셀무스에 의해서 발달했다. 안셀무스는 이탈리아의 아오스타(Aosta)에서 출생했고, 프랑스 북부의 베크(Bec) 수도원에서 교육과 인격을 쌓았으며 후에 원장이 되기도 했다. 그는 1093년에 영국의 캔터베리 대주교가 되었고 1109년 4월 21일 죽을 때까지 그곳에서 활동을 했다. 그의 저서로서는 유명한 『독백』(Monologium), 『대화』(Prosol-ogion), 『도성인신』(Cur Deus Homo)이 있다. 그는 플라톤의 영향을 입은 극단적인 실재론자였고, "개념은 실물을 떠나 있으며, 식물 이전에 있다"고 했다. 그리고 변증법을 가지고 기독교회의 교리를 충분히 증명할 수 있다고 했다. 그의 실재론적 논증에 대한 논리를 그의 『대화』에서 보면, "신은 모든 존재 중에서 가장 위대한 분이다. 신은 사고에서와 마찬가지로 실제로 존재할 수밖에 없다. 만약 신이 사고에서만 존재한다면 그보다 더 높은 존재가 있을 수 있기 때문에 이것은 불가능하다"라고 했다. 이것은 신앙과 이성과의 접촉점을 시도한 스콜라주의의 가장 중요한 문제였다.

안셀무스는 『대화』의 제1장 마지막 글에서 "나는 믿기 위하여 알려고 하지 않는다. 알기 위하여 믿는 것이다. 나는 믿는다. 내가 믿는다. 내가 믿지 않으면 나는 알 수도 없다"고 했다. 그러나 이와 같은 그의 주장은 당시의 말무티에(Malmoutiers)의 수도사였던 가우닐로(Gaunilo)의 반대를 크게 받기도 했다. 안셀무스는 속죄론(贖罪論)의 영향을 입고, "개념이 하나님의 마음에서는 실체보다 먼저 있고, 사물 자체 안에서는 실체 안에 있고, 우리의 오성(悟性) 안에서는 실체보다 후에 있다"고 하였다. 이 견해를 가진 자는 마그누스(Albertus Magnus, 1206~1280)와 그의 제자 토마스 아퀴나스(Thomas Aquinas, 1225~1274)가 있다.

스콜라주의의 전성시대의 아퀴나스

아퀴나스는 로마의 나폴리 사이에 있는 아퀴노(Aquino)라는 고을의 백작 란돌포(Landolfo)의 아들이었다. 그는 부모의 뜻을 어기고 1243년에 도미닉 수도원에 들어갔다. 그의 장래성과 비범함을 아는 동료들은 아퀴나스를 퀼른의 알베르투스 마그누스에게 보냈다. 마그누스는 그를 프랑스의 파리로 데리고 가서 유학시켰고 아퀴나스는 신학사 학위를 받고 퀼른으로 돌아와서 마그누스 아래서 교수를 하였다. 그리고 1257년에는 파리대학의 교수가 되었고, 1261년부터는 이탈리아에서 다년간 가르쳤다. 그리고 1272년에는 나폴리에서 강의를 하였다. 아퀴나스는 1274년 리용(Lyon)의 기독교회의 회의에 참석하려고 가던 중에 테라치나(Terracina) 근방 포사 노우바(Fossanuova)의 시토회 수도원에서 죽었다.

그의 저서 가운데 가장 유명한 것은 『신학대전』(Summa Theologiae)이다. 이것은 아퀴나스가 1265년부터 쓰기 시작한 것으로, 1879년 레오 13세(1878~1903)는 『신학대전』을 로마 가톨릭 교회의 신학으로 삼았으며 오늘날까지 계속되고 있다. 그의 신앙과 신학은 신플라톤적 아리스토텔레스주의 철학과 로마 가톨릭 교회의 원리를 통일 종합한 것이다.

아퀴나스의 신학을 고찰하면 중세 기독교회의 신앙과 신학의 일면을 알 수 있고, 로마 가톨릭주의를 더 깊이 알 수 있다. 그는 모든 신학의 목적은 "하나님을 알고, 인간의 기원과 미래를 아는 것"이라고 했다. 또한 "그 지식은 이성과 계시로 얻는데, 이성으로 부족하기 때문에 계시의 보조를 받아야 한다. 계시는 성경에 있고, 성경은 유일한 궁극적인 권위이며, 성경은 기독교회의 회의와 교황들의 해석에 비추어 이해되어야 한다"고 하였다. 이것은 인간의 이성이 계시를 이해하며 철학과 신학은 모순되는 것이 아니고 서로 상호관계로 상대적인 것임을 의미했다. 그러나 타락한 인간의 이성은 불투명하여 계시를 올바르게 인식할 수 없다. 예수 그리스도로 말미암아 새로운 피조물이 되고, 그를 통해서 성경의 계시를 알 수 있는 것 뿐이다.

아퀴나스는, "신은 제일 원인(第一原因)이며, 신은 순수한 활동"이라 했고 "가장 참되고 완전한 존재이며, 절대적인 본질이며, 만물의 근원이요 끝이라" 했다. 이것은 아리스토텔레스의 철학과 신플라톤 철학의 기초 위에서 양자를 결합시킨 결론이다. 또한 그는 인간의 영혼은 지성과 의지를 가진 한 구성 단위로서 비물질적이라 했고, 인간의 최고선은 명상과 영적 교제로서 신을 바라보며 그를 즐기는 것이라 했다. 그리고 지음을 받은 인간은 그의 타고난 기능에 부가하여 최고선을 구할 수 있게 하고, 믿음, 소망, 사랑의 덕을 실천할 수 있는 선물을 받았다고 했다. 그러나 이것은 아담의 죄로 말미암아 잃게 되었고 그의 타고난 기능도 부패하여 근본 의(義)를 상실했다고 한다. 이러한 타락된 상태에서는 아담이 하나님을 기쁘게 하는 것이 불가능했고,

이 타락은 모든 그의 후손들에게 유전되었다고 했다.

그는 인간의 구원은 오직 하나님의 은총으로만이 가능하다고 하며 여기서 인간의 본성이 변화되고, 죄가 용서되고, 믿음, 소망, 사랑의 덕을 실천할 수 있는 능력을 받는다고 했다. 그리고 한 번 구속을 받고 하나님의 은혜를 받아서 행한 선행은 상을 받을 수 있다고 했다. 이것은 아퀴나스가 안셀무스과 아벨라르의 원리를 보완하고 결합한 견해인 것이다.

아퀴나스는 하나님의 은혜의 방편은 성례전(聖禮典)을 통해서 온다고 했고, 성례는 형식과 내용의 두 요소로 이루어진다고 했다. 성례의 집행자는 예수 그리스도가 기독교회에 명한 것을 대행하는 것으로 생각해야 하며, 성례를 받는 자는 하나님의 은혜를 받는다는 믿음으로 해야 한다고 했다. 이 은혜의 근본적 원인은 하나님이요, 성례 자체는 은혜의 도구적인 요소라고 했다. 이와 같이 예수 그리스도의 희생적인 십자가의 구속은 우리에게 은혜적 요소로서 온다고 하였다. 뿐만 아니라 세례를 받는 자는 원죄와 과거의 죄를 다 용서받지만 죄적인 성향은 남아 있다고 했고, 성만찬의 화체설(化體說)을 인정하였다.

그 밖에 그는 악은 죽은 다음에 곧 지옥으로 가며, 로마 가톨릭 교회의 은혜를 받은 자들은 즉시 하나님의 나라로 간다고 했다. 그러나 하나님의 은혜를 완전히 받지 못한 대부분의 성도들은 연옥으로 내려가서 얼마 동안 훈련과 징계를 받고 그들을 위한 성도들의 기도와 선행으로 다시 하나님의 나라로 간다고 했다. 자연히 아퀴나스는 로마 가톨릭 교회는 구원의 기관이며 구원을 얻으려면 반드시 로마 가톨릭 교회에 들어와야 한다고 했다. 로마 가톨릭 교회는 하나님의 나라에서나 지상에서나 또한 연옥에서도 하나라고 하였다. 또한 보이는 로마 가톨릭 교회는 보이는 로마 가톨릭 교회의 서리가 필요하다고 했고 그는 로마의 교황이라 했다. 그리고 구원을 받으려면 교황에게 복종해야 한다고 했다. 이것은 로마의 교황 무오설(無誤說)을 주장한 것이며, 로마의 교황을 신앙과 생활의 주관자로 생각한 것이다.

중세 기독교회의 시인 단테(Dante, Alighieri, 1265~1321)는 토마스 아퀴나스의 철학과 신학을 그의 『신곡』(Divina Commedia)에서 그대로 나타냈다. 반면에 프란시스 수도원의 스코투스(John Duns Scotus, 1266~1308)는 아퀴나스의 철학과 신학을 비판했다. 그는 스코틀랜드에서 출생했고, 옥스퍼드에서 공부했고 교수가 되었다. 1340년에는 파리대학의 교수로 영전하였고, 그 후 쾰른에서 가르쳤다. 스코투스는 신의 본질을 자유의지로 보았고, 하나님의 절대 의지 때문에 예수 그리스도의 희생이 아니고도 다른 방법으로 구원을 충분히 줄 수 있다고 했다. 그리고 하나님의 은혜는 성례로서만 오는 것이 아니라 하나님께서 합당히 보셔야 온다고 했다.

그리고 그들은 성모 마리아의 무죄 임신(Immaculate Conception)에 대한 격렬한 논쟁을 벌였다. 아퀴나스는 성모 마리아는 원죄에 관계가 없다고 했고, 스코투스는 마리아도 인간의 원죄를 가졌다고 했다. 로마 교황 비오 9세(Pius Ⅸ, 1792~1878)는 1854년에 마리아의 무죄 임신설을 인정하고 교황령으로 선포하기도 했다. 그러나 이것은 잘못된 교리이며 비성경적이다.

토마스 아퀴나스에 의해 스콜라주의는 절정에 이르렀고 로마 가톨릭 교회의 원죄는 형성되었으나, 기독교회는 신학을 철학적으로 설명할 수 없음을 믿어왔고, 기독교회의 교리는 기독교회의 회의나 로마의 교황으로 말미암은 것이 아니고 성경의 교리로서만 인정하였다. 그리고 기독교회의 성도들은 지적으로 신앙적 위안을 얻고자 성 어거스틴에게로 되돌아갔고 일부는 신앙적 신비주의를 따르게 되었다. 여기에서 스콜라주의는 쇠퇴하였고, 로마 가톨릭 교회의 원리는 무너지게 되었으며 그것은 그 후 개혁 기독교회로 말미암아 더욱 붕괴되었다.

7. 중세 기독교회의 예배와 생활

중세 기독교회의 예배와 생활은 현세적(現世的)이었고 예배는 시각적(視覺的)이었으며 신앙과 생활의 일원화로 조화를 시도하였다. 그러나 중세 기독교회는 의식과 제도, 성례전을 통한 보편화된 예배와 생활방침을 가졌다. 그러므로 그들은 형식주의, 제도주의가 되어버린 것이다.

중세 기독교회의 예배와 성례전

중세 기독교회의 예배에서 가장 중요한 것은 성경의 말씀을 통한 메시지가 아니었고 의식과 예언이었다. 그리고 기독교회의 지도자들은 성경 낭독, 설교도 라틴어로 하였다. 그러므로 일반 성도들은 알 수가 없었고, 그들은 예배에서 자연히 귀로 듣는 말보다는 눈으로 보는 형식을 더 중히 여겼다.

그리고 중세 기독교회의 성례전(Sacraments)은 일정하지 않았으나 롬바르드(Peter Lombard, 1110~1161)에 의해서 7가지 성례전이 생겼다. 그리고 1439년 피렌체(Florence)의 기독교회 회의는 이것을 공인하였다. 그것들은 세례(洗禮), 견신(堅信, Confirmation) 그리고 임직(Ordination) 등이다. 그중에 세례, 견신, 임직은 일생에 한 번밖에 받을 수 없는 것이고 이 예전들은 '영혼에 사라지지 않는 인을 치는 것이다'라고 했다. 그리고 성례전은 이를 집행하는 사람의 품성이나 인격에 관계없이 예전 그 자체로부터 신적 효력을 발생한다고 했다. 이것은 특히 로마 가톨릭 교회에서 더욱 주장한 사실이다.

성찬식은 화체설(化體說)을 주장했는데 롬바르드가 처음으로 이 원리를 주장하게 되었다. 그는 말하기를, "떡은 예수 그리스도의 살로, 포도즙은 그의 피로 변화한다"고 했다. 그리고 떡을 나눌 때, 잔을 돌릴 때 예수 그리스도의 몸 전부가 제단 위에 임재(臨在)한다고 했다. 그 후 아퀴나스는 다시 첨가하여 성찬식 때 예수 그리스도의 영혼도 함께 임재한다고 했다. 이것은 오늘날의 로마 가톨릭 교회의 신앙이기도 하다. 당시 로마 가톨릭 교회는 성찬식 때 떡은 참석자에게 주고 잔은 주지 않았다. 그것은 예수 그리스도의 피를 더럽힐까 염려한 데서 생긴 것이다. 그들의 성찬식은 일종의 제사(Sacrifice)로서 하나님께 바치는 것이다. 로마 가톨릭 교회는 이것을 미사(Missa)라고 한다. 이것은 로마 가톨릭의 예배요, 죄사함을 받은 의식적 행위인 것이다.

예전 가운데 견신례는 이미 세례를 받은 자가 신앙을 견고히 하기 위하여 성령과 은사를 받기 위한 의식이다. 그리고 종유(終油)는 병자들에게 기름을 바르고 기도한 예전이다.

그 밖에 중세 기독교회는 죄를 짓고 회개하는 것도 일종의 예배로서 간주했고, 회개에 필요한 것은 통회(Contrition), 고백(Confesstion), 속죄(Satisfaction) 등이 있었다. 그중 고백은 성도들의 의무로 규정했고, 이것은 1년에 한 번씩 성직자에게 하게 하였다. 일반적으로 세례

받은 후에 지은 큰 죄들을 고백하는 것이다. 성도들의 고백으로 큰 죄는 작은 죄가 되고 속(贖)함을 얻어서 사죄받을 수 있게 되었던 것이다. 그 후 이것은 일종의 공덕축적설(功德蓄積說)로서, 예수 그리스도의 희생, 성자들과 성도들의 선행과 공덕들이 로마 가톨릭에 쌓이고 쌓여서 보존되었다가 교황은 이것을 사람들에게 줄 수 있다는 것이었다.

중세 기독교회의 예배에서 찬송은 예배의 일부로서 매우 중요했다. 일반적으로 동방 기독교회는 정적이었으며, 서방 기독교회는 장엄하고 엄숙했다. 찬송의 내용은 처음에는 성경에서 인출되었으나 차차 성직자들이나 경건한 성도들의 기도와 고백 그리고 시를 사용하게 되었다. 물론 당시의 기독교회에서는 악기도 사용하였다.

또한 중세 기독교회의 건축양식은 다양하였다. 로마 식은 이탈리아 북부, 독일, 프랑스, 스페인, 영국 등에서 유행했고 고딕 식은 프랑스 북부, 영국 그리고 독일에서 성행했다. 이교적인 신당식도 있었다. 대부분의 기독교회는 웅장했고 화려한 장식으로 건축되었다. 이것은 신적 임재를 느끼고, 교회의 외적인 위세를 나타내 보이기 위한 것이었다. 뿐만 아니라 교회는 모든 문화의 본산지요 근원이 되었기 때문에 교회는 모든 재정을 투입하여 기독교회를 건축했다. 우리는 중세 기독교회가 무리한 재정적 낭비로 마침내는 재정적인 충당을 위해서 로마 교황이 속죄권까지 팔게 되는 결과를 초래하였던 것을 안다.

중세 기독교회의 생활과 제도

중세 기독교회의 성도들의 생활은 신앙과 일치되기를 노력하였다.

그러나 생활과 신앙 사이에 모순이 생겼다. 즉 십자군 운동에 참여하여 전쟁을 하고, 생명을 빼앗고, 재산을 탈취하는 일이 생겼고, 기독교회의 지도자들은 신앙을 팔아 정치와 야합하고 세속적인 문화의 영향에 동화되어가고 그 밖에 동서 문화의 교류로써 부작용이 생겼다. 자연히 그들 중에 대부분은 세속과 현실을 떠나 수도원으로 들어가서 신비주의적 신앙과 생활을 했고, 일부분은 기독교회의 신앙과 생활을 절충주의로 나아갔다. 기독교회의 지도자들은 대부분이 독신 생활을 했고 일반 성도들은 모든 문화의 영역에서 기독교회주의를 형성했다.

중세 기독교회의 신앙과 생활을 비판하자면, 기독교회가 정치, 경제, 군사 그리고 사회의 모든 면에 간섭과 통치를 한 점이다. 즉 로마의 교황이 제국의 황제들을 다스려 권력과 투쟁이 계속 일어났고, 서로 자리다툼을 하였다. 그러므로 중세 기독교회의 생활은 외적으로는 기독교회의 문화를 형성하였지만 내적으로는 기독교회의 복음의 약화로 변질되었다. 그것은 이교적인 철학, 과학, 예술 등의 영향을 입었기 때문이었다. 예배는 우상적이고 미신적인 방향으로 흘렀고, 생활은 현실주의와 물질주의에 빠져서 향락과 오락에 도취되었다. 그러므로 교회는 부패되고 사회는 타락하였던 것이다.

그러나 하나님께서는 개혁 기독교회의 신앙과 역사를 통해서 예수 그리스도의 역사를 추종하여 성경으로 돌아가는 기독교회의 문화를 형성하게 하셨다.

제5장
개혁 기독교회의 신앙과 역사

　개혁 기독교회의 신앙과 역사는 개혁 전 개혁자들의 신앙적 시냇물이 졸졸 흘러서 기독교회의 개혁자들로 인하여 큰 개혁의 강(江)을 이룩하였다. 그러므로 이 물줄기를 거슬러 올라가면 기독교회의 개혁의 신앙과 역사의 근원에 도달할 수가 있다. 이것은 개혁(Reform)의 의미가 본래(本來) 혹은 근원(根源)으로 돌아간다는 신앙과 신학적인 의미를 뜻하기 때문이다.

　개혁 기독교회의 신앙과 역사적 흐름을 따라가면 기독교회의 개혁 전 개혁자들이이 있다. 그들은 화산의 분화구처럼 개혁의 샛별 요한 위클리프(John Wycliffe, 1324~1384), 보헤미아의 개혁운동의 선구자 얀 후스(John Huss, 1369~1415), 이탈리아 개혁의 예언자 지롤라모 사보나롤라(Girolama Savonarola, 1452~1498) 그리고 독일의 성경적 신비주의 개혁자 마이스터 에크하르트(Meister Eckhart, 1260~1327) 등이다. 여기에 수반되어 있는 기독교회의 개혁의 회의들이 있다. 그들은 전부가 기독교회의 개혁 전의 개혁자들이었고 기독교회의 개혁주의 신앙과 역사를 이룩한 밀알들이었다.

기독교회의 개혁의 여명기(黎明期) 이전에는 중세 기독교회의 시대(590~1517)라고 할 수 있다. 중세 기독교회는 성 어거스틴(St. Augustine, 354~430)의 신앙과 역사가 실현되는 시대였다. 비록 로마 가톨릭에 의해서 기독교회의 신앙과 역사가 돌연변이를 당하였을지라도 그것은 외적인 것이었고 부분적이었으며 일시적(一時的)인 것이었다. 반면에 기독교회의 신앙과 역사는 변함없이 계속적으로 기독교회에 나타났었다. 그러므로 중세 기독교회의 신앙과 역사는 로마 가톨릭이 전부(全部)가 아니며 더욱이 로마 가톨릭이 곧 중세 기독교회의 신앙과 역사를 전부 나타내는 것은 물론 아니다. 지금까지 기독교회는 이 문제에 대해 역사적 이해를 잘못하였던 것이다. 그 당시에 로마 가톨릭의 신앙과 역사는 인간으로부터 출발해서 하나님께로 올라가는 교황주의(敎皇主義)였고, 기독교회의 신앙과 역사는 하나님께로부터 하나님의 택한 백성에게 주어진 것이다. 이 신앙과 역사가 기독교회의 개혁자들에게 흠뻑 젖어지게 되었던 것이다.

중세 기독교회의 신앙과 역사 그 이전은 고대 기독교회의 시대(27~590)가 있다. 여기에 성 어거스틴은 고대 기독교회의 신앙과 역사적 종결점에서 고대 기독교회의 신앙을 예수 그리스도에게로 이끌어갔고 중세 기독교회의 관문에서 흘러넘치게 하였다. 성 어거스틴 이전에는 기독교회의 신앙과 역사를 행정적으로 더욱 발전시켰던 이레니우스(Ireaneus, 115~202)가 있었고, 그 이전에는 그의 스승이요, 사도들 가운데 가장 오랜 세월을 보낸 사도 요한(John, ?~98)이 있었다. 그리고 그 이전은 기독교회의 신앙과 역사 자체이신 예수 그리스도가 계신 것이다. 여기에 기독교의 신앙과 역사의 원천이 있고, 기독교회의 개혁자들의 신앙과 역사의 원줄기가 있는 것이다. 예수 그리스도는 삼위일체 하나님이시요, 그는 영원 전부터 자존(自存)하신 분이시다.

이와 같이 기독교회 개혁자들의 신앙과 역사는 역사적 계보를 가지고 있으며, 그들의 신앙과 역사는 근세 기독교회의 신앙고백주의(信仰告白主義) 바다를 이룩했고, 그 이후는 근대와 현대 기독교회의 대양(大洋)을 이룩한 것이다.

우리는 여기에서 기독교회의 개혁 전 개혁자들의 신앙과 역사를 구체적으로 살펴보기로 한다.

1. 개혁 전 개혁자들의 신앙과 여명(黎明)

우리는 동이 트기 전에 첫닭의 울음소리를 듣는다. 이것은 머지않아 날이 밝아올 것을 알려주는 하나의 신호(信號)이다. 이와 같이 기독교회의 개혁자들 이전에 개혁자들이 있었고, 그들은 신앙적으로, 사상적으로, 도덕적으로 그리고 성경적 신비주의로 기독교회의 신앙과 역사의 개혁의 전초역(前哨役)을 담당하였다. 그들의 일반적인 공통점은 당시의 저명한 학자들로서 가르치는 교수들이요, 설교자들이었으며, 저술가들이었다. 그리고 그들은 후계자를 가졌으며 또한 기독교회의 개혁의 조직체들을 통해서 일하였다.

개혁의 샛별 존 위클리프

기독교회 개혁의 샛별은 존 위클리프(John Wycliffe, 1324~1384)이다. 그는 성경의 교리적인 개혁자로서 활동하였다. 위클리프는 색슨의 혈통으로 태어났고, 요크셔(Yurkshir)주 힙스웰(Hipswell)에서 출생했다. 그는 옥스퍼드의 베일리얼 대학(Balliol College)에서 교육을 받았고, 그의 신앙 인격 형성에는 성 어거스틴주의와 신플라톤주의의 영향을 받았다. 그는 1376년에 황실의 전속 성직자가 되었고, 그때부터 기독교회의 개혁의 기치(旗幟)를 높이 들기 시작하였다. 그는 '교황이 기독교회의 사건에서 최상권을 가지고 있는 것'을 반대하기 시작하였다. 위클리프는 1376년 옥스퍼드에서 「지배권에 대하여」(On Civil Lordship)를 강의했으며, 그때에 "하나님은 대지배자이시다. 그는 영적 지배권을 기독교회에, 물질적 지배권을 위정자들에 신탁하셨으며 잘 쓰라고 맡기신 것이다. 그러므로 그 권리를 악용하면 하나님께서는 반드시 빼앗으신다. 따라서 기독교회나 교직이 영지(領地)와 재산을 소유하는 것은 부당한 일이다"라고 했다.

실로 이 강의는 그 당시의 로마 가톨릭 교회의 신앙의 폐풍을 신랄하게 비판한 것이었다. 또한 위클리프는 로마 가톨릭의 감독을 혹평하기를, "그는 적그리스도며, 오만하고 세속적인 로마의 감독이며, 가장 착취를 잘하고 약탈을 잘하는 저주받은 인물이다"라고 하였다. 여기에 크게 반발한 교황은 1137년에 칙령(勅令)을 내려 위클리프를 체포하여 처형하려고 하였으나 왕후, 귀족, 민중의 후원 때문에 손을 댈 수가 없었다.

위클리프는 눈부신 기독교회의 개혁운동을 전개하면서 "기독교회의 법률은 오직 성경뿐이다"라고 가르쳤고, "사람들이 일반적으로 생각하듯이 기독교회는 교황이나 추기경을 중심으로 이루어진 단체가 아니며 기독교회는 하나님의 선택된 백성들의 단체이다. 그러므로 기독교회의 참 머리는 예수 그리스도이시며 만일 기독교회의 사도시대와 같이 지상의 지도자를 요구한다면 혹 교황이 그 자리에 오를지는 모르나 교황도 불완전한 인간이요, 또 베드로의 후계자가 되기에는 너무도 부족한 자들이다. 또한 교황이 되었다 하여 반드시 하나님의 택함을 받은 자라고 단언할 수는 없다. 오히려 세속의 권세를 사랑하며 세금 징수에만 열중하는 교황은 결코 택함을 받은 자들이 아니다. 그들은 정반대로 반 기독교인들이다"라고 비판하였다. 이것은 로마 가톨릭 교회에 대한 강력한 도전이었다. 그 당시에 기독교회의 교권 지배자와 성직자를 이렇게 성경적인 입장에서 비판한 사람은 존 위클리프뿐이었다.

그는 영국에서 기독교회의 순수한 역사적 복음을 전하였고 새로운 토양을 일구었는데 그중에 하나가 '롤라드 운동'(Lollard Movement)이다. 이 운동은 '백성들에게 성경을 보급하고 그의 제자들을 둘씩 전국을 순회케 하며 사도적 청빈주의로 하여 손에는 지팡이를 들고, 맨발로 전도하는 운동'이다. 영국에서 이 기독교회의 롤라드 운동은 위클리프주의를 형성했고, 걷잡을 수 없는 기독교회의 개혁의 물결을 일으켰다.

또한 위클리프는 직접 통속 라틴어(Latin Vulgate) 성경에서 성경을 번역하여(1382~1384) 기독교회에 보급하였다. 여기에는 기독교회의 교리적인 의의도 내포되어 있다. 즉 기독교회의 권위는 교황의 권위가 성경의 권위보다 최상임을 나타내는 데 있다. 그는 로마 가톨릭 교회가 내세운 성찬물의 화체설(Transubstantiation)을 부인하고 성체공재설(Consubs-tantiation)을 말하였다. 기독교회 개혁의 샛별 존 위클리프는 1384년 마지막 날에 교회에서 예배를 드리는 중에 세상을 떠났다. 그가 죽은 후에도 로마 가톨릭의 헨리 4세(Henny Ⅳ, 1399~1413)와 5세(1413~1422)는 기독교회의 위클리프주의를 박해했으며, 그의 모든 저서를 불살라 버리게 했고, 롤라드 운동을 저지시켰다. 심지어는 위클리프의 해골을 파내어 교회의 묘지에서 멀리 떨어진 곳에 버리게 했다.

여기에 대해서 역사가 풀러(Thomas Fluller)는, "그들은 위클리프의 뼈를 불살라 근처에 있는 시내의 급류에 던져 버렸지만 그 시대는 이 재를 아본강으로, 아본강은 이것을 세번강으로, 세번강은 이것을 좁은 바다로, 이 좁은 바다는 위클리프의 재를 큰 대양으로 흘러들어가게 하였다"고 했다. 이것은 위클리프의 기독교회의 개혁신앙과 사상이 온 세상에 퍼지게 되었다는 의미이다. 기독교회의 개혁 전의 개혁자 존 위클리프는 기독교회의 교리들을 성경적 교리에 비추어서 다시 설명하며 해석한 개혁자이다. 그가 말한 유명한 말이 있다. "만일 성경에 기록된 말씀과 기독교회의 주장이 일치하지 않으면 나는 성경을 따른다."

개혁운동 선구자 얀 후스

기독교회 개혁 전의 개혁자들은 결코 로마 가톨릭 교회의 주도권(主導權)을 잡기 위한 혁명가이거나, 어떤 정치적 목적을 위하여 쿠데타를 일으킨 사람들이 아니다. 그들은 예수 그리스도의 역사를 추종하여 성경으로 돌아가는 기독교회의 신앙적 개혁자들이다. 그중에 보헤미아의 얀 후스(Jan Hus, 1369~1415)는 기독교회 개혁운동의 선구자이다. 그가 기독교회의 개혁의 용광로를 이룩하기까지는 여러 방면에서 개혁의 불쏘시개들이 있었다. 그들 중에는 약 15년 동안 프라하(Prague)에서 설교가로서 유명한 발트하우젠의 콘라드(Conrad of Waldhausen, ?~1369), 『적그리스도』(De Antichristo)를 쓴 클렘지어의 엘의 밀리츠(Milicz of Kremiser, ?~1374), 귀족의 후예인 자누의 마티아스(Matthias of Janou, ?~1374) 그리고 토마스(Thomas of Stitny, 1331~1401) 등이있다. 이들은 당시 기독교회의 성직자들의 타락을 규탄하고, 신앙과 생활의 규칙으로 성경을 강조하며 성만찬을 자주 거행하였다.

이와 같은 개혁의 신앙적 터전 위에 얀 후스는 기독교회의 개혁의 강풍(强風)을 일으켰다. 물론 여기에는 성령의 감화가 있었고 수반되었으며, 삼위일체 하나님께서 섭리하신 것이다. 그는 옥스퍼드(Oxford) 대학에서 위클리프주의를 주장하고 계승한 기독교회의 개혁자이다.

얀 후스는 요한 23세(1410~1415)가 나폴리의 라디슬라우스(Ladislaus) 왕을 정복하기 위해서 기독교회의 십자군을 일으키고, 여기에 참전하는 자들에게는 죄를 사하여 준다고 할 때에 그에게 정면으로 도전하였다. 그는 말하기를, 교황의 종군사죄란 허위이며, 비성경적이라 했다. 그리고 교황의 훈령(訓令)을 불살라 버렸다. 이것은 교황의 권위에 대한 도전이요, 당시 로마 가톨릭 교회에 대한 신앙적 선전포고(宣戰布告)였다.

얀 후스는 그때에 『교회론』(De Ecclesia)을 썼는데 그 내용은 로마 가톨릭 교회의 교리적 탈선을 비판한 것이었다. 결국 그는 기독교회의 개혁운동을 하다가 로마 가톨릭 교회의 교황에게 정죄되고 옥에 갇혀 잔인하게 고문을 당하였다. 그리고 1415년 7월 6일에 화형을 당하여 순교하였다. 그는 그때에 다음과 같이 기도하였다.

"나는 기독교회의 복음 진리와 교부들의 교훈을 따라 쓰고 가르치고 설교하여 사람들을 죄에서 구원하려고 하였다. 주 예수 그리스도시여! 저는 당신의 복음과 거룩한 말씀을 가르치기 위하여 이 무섭고 부끄러운 잔학한 죽음을 인내와 겸손으로 참습니다. 오, 그리스도 살아 계신 하나님의 아들이시여, 나를 불쌍히 여기소서! 아멘"

얀 후스의 순교 후에도 보헤미아에서는 기독교회의 개혁운동이 계속되었고, 특히 우트라크파(Utraquists)와 타보르파(Taborites) 등이 활기 있게 전개되었다. 1453년에 이들은 발도파와 합동하여 '형제단'(Unitas Fratrum)을 조직하였다. 얀 후스 운동의 핵심적인 신앙과 역사를 이어받은 기독교회의 개혁단체인 형제단을 훗날 모라비안(Moravians)의 경건주의 운동의 전신이 되었다.

개혁의 예언자 지롤라모 사보나롤라

이탈리아 기독교회 개혁의 예언자는 지롤라모 사보나롤라(Girolamo Savonarola, 1452~1498)이다. 그는 이탈리아의 페라라(Ferrara)에서 출생했고, 그의 나이 23세 때에 볼로냐(Bologna)로 가서 도미닉 수도원에 들어갔다. 그는 거기서 아퀴나스(Thomas Aquinas)의 『신학대전』(Summa Theoloia)를 탐독했으며 또한 성경을 통해서 터득하였다. 그것은 기독교회 성직자들의 중재나 어떤 자신적 선행으로 받은 것이 아니고, 예수 그리스도의 십자가의 대속으로 인한 하나님의 은혜로만 이 구원함을 받는다는 사실이었다.

1482년 사보나롤라는 피렌체에서 기독교회의 성경적 메시지를 전하기 시작했고, 당시의 많은 하나님의 택한 백성들은 그의 말씀에 인산인해(人山人海)를 이루게 되었다. 그는 1491년에 성 마가 수도원의 원장이 되기도 했다. 그의 기독교회의 개혁운동은 피렌체 시에 큰 영향을 주었고, 당시에 세도를 부리던 로렌초 메디치(Lorenzo Medici) 가(家)에는 실제적인 타격이 되었다. 사보나롤라는 특히 그 당시의 정치적 부패와 도덕적 타락을 과감하게 비판하고, 여기에 대한 건설적인 대안을 내놓았던 것이다. 그는 피렌체 시의 시장(市長) 로렌초가 죽은 후에 시장이 되었고, 피렌체를 공화시(公化市)로 만들었다. 뿐만 아니라 그는 그곳을 기독교회의 개혁운동의 본산지로 삼아 완전히 성시화(聖市化)로 만들었다.

이때에 로마 가톨릭의 교황은 매우 당황하여 사보나롤라의 시정(市政)과 개혁운동을 무마시키기 위하여 그를 추기경으로 임명하였다. 그러나 그는 다음과 같이 말하였다.

"나는 추기경의 모자를 받지 않겠다. 그 대신 나의 붉은 피로 물들인 순교자의 모자를 쓰겠노라."

사보나롤라는 로마 가톨릭의 교황을 향하여, "로마 가톨릭의 교황은 하나님을 모독하고 성직을 매매하는 자이며, 무신론자요 그 밖의 여러 가지 죄를 범한 자다"라고 했다.

그는 말년에 『십자가의 승리』라는 저서를 내기도 했다. 이것은 하나의 기독교회의 변증서로서 르네상스의 이교회주의와 피렌체의 위정자들의 세도 그리고 법정의 횡포를 비판한 것이다. 또한 그는 옥중에서 시편 51편의 강해를 썼다. 비록 완성은 못했으나 그는 '믿음으로 말미암은 칭의교리'를 천명한 것이다. 훗날 마틴 루터에 의해서 이 책이 출판되었다(1523).

한편 로마 가톨릭의 교황 알렉산더 6세(Alexander)는 사보나롤라를 두려워하였다. 그리고 그를 어떤 수단과 방법으로 매수할 수 없음을 알자 그를 파문시키는 것이 상책으로 생각하고 그를 파문하였다. 그러나 사보나롤라는 이것을 무효라고 선언하고 투쟁을 하였다. 결국 그는 그들의 손에 붙잡혀 로마 가톨릭 교회를 비난하고 백성들을 미혹했다는 죄명으로 교수형을 당했다. 그는 1498년 5월 23일에 하나님께서 주신 삶을 영광스럽게 마쳤다.

개혁의 신비주의 마이스터 에크하르트

기독교회의 신앙과 역사가 기독교회의 개혁 전 개혁자들에 의해서 예수 그리스도의 역사를 추종하여 성경으로 돌아가는 운동을 전개하고 있을 때에, 독일을 중심으로 성경적 신비주의가 일어났다. 그중에 대표적인 사람이 마이스터 에크하르트(Meister Eckhart, 1260~1327)이다. 그는 독일 도미니크회 단원으로 파리에서 공부했고(1303), 색슨(Saxon)파의 목회자였으며(1307) 기독교회의 신학자로서 스트라스부르(Strasbourg)와 쾰른(Cologne)에서 가르쳤다(1311). 그는 직접적인 영적 체험이 로마 가톨릭 교회의 전통적인 교훈보다 훨씬 중요하다고 주장하였다. 이것은 로마 가톨릭 교회의 중개성을 배제하고 기독교회의 성도들이 하나님과의 직접적인 영교를 뜻하는 것이다.

마이스터 에크하르트는 말하기를, "하나님 밖에는 실재가 없으니,

우리 안에 있는 실재도 하나님께로서 온 섬광뿐이다"라고 했다. 물론 이와 같은 사상은 그가 신플라톤주의 영향을 받은 결과이다. 그러나 로마 가톨릭 교회에 대해서 큰 도전이었고, 그들의 내부를 흔들어놓았다. 에크하르트의 신비주의는 오늘날의 광적인 신비주의가 아니고 성경적 신비주의를 부르짖은 것이다. 에크하르트는 로마 가톨릭 교회의 폐풍과 죄악된 생활을 비난했고, 영적 성경을 내세웠다. 그리고 그는 그 당시 기독교회의 세속화와 성도들의 인본주의적 신앙을 보고 하나님의 진노가 내릴 것을 외쳤던 것이다. 그러나 그는 쾰른의 로마 가톨릭 교회의 감독 비르네부르크(Virneburg)의 하인리히(Heinrich)에 의해서 이단으로 정죄를 받았다(1325). 그리고 그 후 그는 하나님께서 주신 사명을 완수하고 이 세상을 떠났다.

성경적 신비주의 운동은 기독교회에 개혁의 돌풍을 일으켰다. 그것은 에크하르트의 제자 존 타울러(John Tauller, 1300~1361)에 계승되었다. 그는 도미니크 교단의 전도자로서 스트라스부르, 쾰른, 바젤등지에서 기독교회의 복음을 전파했다. 그때는 정치적으로 오스트리아(Austria)의 프레드릭(Frederick)과 바이에른(Bavaria)의 루이(Louis)가 서로 왕권을 다투는 시대였고, 로마 가톨릭의 교황은 그 틈에 끼어 있었다. 그러므로 당시 독일의 정계와 교계는 매우 혼란을 가져왔고, 설상가상(雪上加霜)으로 흑사병(黑死病)이 유행하였다(1348~1349).

이와 같이 기독교회와 사회가 곤경에 처해 있을 때, 기독교회의 성경적 신비주의의 영향으로 남서 독일과 스위스에서 기독교회의 신비주의자들이 모여서, '하나님의 친구들'(The Friends of God)이란 단체를 조직하였다. 그들의 신앙과 역사를 담아둔 책이 『독일 신학』(German Theology)이다. 이것은 14세기 말엽에 독일 프랑크푸르트

(Frankfurt)의 어떤 목회자가 쓴 것으로 간주된다. 그리고 마틴 루터가 큰 감화를 받고 이것을 1516년과 1518년에 출판하기도 했다.

에크하르트의 성경적 신비주의의 영향을 받아 네덜란드에서 기독교회의 신비주의 개혁운동을 주창한 사람은 존 로이스브로크(John Ruysbroeck, 1294~1381)이다. 그는 타울러와 '하나님의 친구들'과 직접적인 관계가 있었다. 이와 같은 기독교회의 운동이 네덜란드와 독일에 널리 퍼져서 15세기에는 기독교회의 경건주의를 유발시켰다. 그들은 성경적 신비주의였고, 로마 가톨릭의 수도원적 신앙과 생활보다는 기독교회적이었다. 그리고 우리가 잘 아는 대로 토마스 아 켐피스(Thomas A. Kempis, 1380~1471)의 『그리스도를 본받아』(Imitation of Christ)는 이와 같은 경건주의 운동에서 나온 귀중한 작품이다. 그는 '데벤테르'(Deventer) 형제단에서 공부하였으며, 그의 일생의 대부분 아그네스(Agnes)의 수도원에서 보냈다.

개혁 전의 개혁의 회의

기독교회의 개혁 전의 개혁의 회의(會議)들은 로마 가톨릭 교회의 자체적 개혁의 회의들이다. 그들은 세 차례 이상 회의를 가졌다. 이와 같은 개혁의 회의들이 있었던 역사적 배경을 간단하게 언급하면서 주요 회의들을 약술하려고 한다.

중세 기독교회의 로마 가톨릭은 교황권의 쇠퇴기와 굴욕의 시대를 자체적으로 가졌다. 즉 1305년 로마 가톨릭의 교황 클레멘트 5세(Clement, 1305~1314)는 교황청을 프랑스의 남부 아비뇽(Avignon)으로 옮겼다. 그리고 로마 가톨릭의 교황 요한 22세(1316), 베네딕트

12세(1334), 클레멘트 6세(1342), 이노센트 6세(1352), 우르바노 9세 (1362), 그레고리 11세(1370) 등이 여기에서 지냈다. 이것을 가리켜서 유대인이 70년간 바벨론에서 포로된 역사와 비교하여, 바벨론 포로(Babylonian Captivity) 시대의 교황청이라 한다.

한편 1378년 그레고리(Gregory) 11세가 죽자 로마 가톨릭은 이탈리아인 중에서 교황을 내세워 이탈리아 바리(Bari)의 감독을 교황으로 세웠다. 그가 우르바노 6세이다. 그런데 그는 그를 교황으로 선출시켜준 프랑스인 일색인 로마 가톨릭의 카디날(추기경)들을 비판하여 그들은 프랑스로 돌아가서 제네바의 카디날인 로버트를 선출하여 로마 가톨릭의 교황으로 삼았다. 그가 클레멘트(Clement) 7세이다. 이렇게 되니 로마 가톨릭 교회는 프랑스의 아비뇽과 이탈리아의 로마에 교황이 서게 되었는데, 전자는 프랑스, 스코틀랜드, 스페인의 로마 가톨릭 교회들이 지지하고, 후자는 이탈리아, 독일, 영국 등의 가톨릭 교회들이 지지하였다.

이와 같은 로마 가톨릭 교회의 교황청의 분열은 1378년부터 1417년까지 약 40년 동안 계속되었다. 자연히 여기에는 그들의 현상 유지를 위해서 발생한 기독교회의 부조리가 있었다. 즉 성직 매매, 성직자의 부패, 교회의 타락 등이다. 이와 같은 로마 가톨릭의 내적 타락에 대한 반기를 대학의 교수, 일반 성도들 기독교회의 목회자들이 들었다. 그들은 생각하기를, 기독교회의 개혁은 회의를 개최하여 이 회의에 기독교회의 주요한 권력을 맡기는 길이라고 하였다. 그중에 파리대학의 피에르(Pierred', 1350~1420), 장 드 제르송(Jean de Gerson, 1363~1429), 콘라드(Conrad of Gelnhausen, 1320~1390) 등이 있었다. 그들은 로마 가톨릭의 교황 독재의 정치에서 일종의 입헌정치를 세우려고 계획했다.

　기독교회의 개혁 전의 첫 회의는 1406년 3월 25일 이탈리아의 피사(Pisa)에서 열렸다. 이 개혁의 회외는 먼저 로마 가톨릭 교회의 분열을 조화시키기 위해서 현재의 로마 가톨릭 교회의 교황들을 폐위시키고 새로운 교황을 선출했다. 그가 알렉산더 5세(1409~1410)이다. 그러나 중세 기독교회의 로마 가톨릭 교회는 합동과 통일이 아니고 오히려 3인의 교황을 갖게 되는 결과가 되어 걷잡을 수 없게 분열과 분파만 초래하였다. 이탈리아의 로마와 나폴리, 독일의 대부분의 로마 가톨릭 교회는 그레고리(Gregory) 12세를 지지하였고, 스페인과 폴란드, 스코틀랜드는 베네딕토(Benedik) 13세를 받들었고, 영국과 프랑스, 독일의 일부분은 알렉산더(Alexander) 5세를 추대하였던 것이다.

　기독교회의 개혁 전의 두 번째 회의는 1414년 11월 1일에 이탈리아의 콘스탄스(Constance)에서 열렸다. 이 회의에서는 로마 가톨릭 교회가 한 교황을 세워 통일을 시도하였는데, 그는 이탈리아 로마의 마틴 5세(Martin V, 1417~1431)였다. 그러나 콘스탄스의 개혁회의는 로마 가톨릭 교회의 교황청 통일은 이루었으나 신앙적 개혁에는 미치지 못했고 1418년 4월에 폐회하였다.

　기독교회의 개혁 전의 세 번째 회의는 1431년 1월에 스위스의 바젤(Basel)에서 개최하였다. 그러나 바젤 회의는 교황청이 불참했고 그들은 그것을 '사탄의 집회'라고까지 저주하였다. 결국 이 회의는 유야무야(有耶無耶)로 되어버렸다.

　지금까지 기독교회의 개혁 전 개혁의 회의들을 고찰하였다. 로마 가톨릭 교회는 자체적인 신앙 개혁을 시도하였으나 교권주의자들인 교황들의 자리 다툼 이외에 더 이상 진전을 보지 못했고 기독교회가 지역적, 민족적, 문화적, 배경으로 탈바꿈하는 집단으로 변한 것을 확인했을 뿐이다. 로마 가톨릭 교회의 개혁 회의로 말미암아 기독교회의 개혁자들에게는 간접적인 개혁의 도움만 주었다.

2. 마틴 루터 독일 개혁 기독교회

기독교회의 개혁의 불씨는 계속 일기 시작했고, 기독교회의 신앙적 오류를 태웠다. 기독교회의 개혁자들은 기독교회의 개혁의 봉홧불을 높이 들었다. 그중에 한 사람이 '마틴 루터'(Martin Luther, 1483~1546)이다. 개혁자로서 독일의 마틴 루터는 그의 생애에서 세 번의 심적 변화가 있었다. 그것은 루터의 '공포의 순간', '탑의 경험' 그리고 로마 가톨릭의 '속죄권 매매에 대한 항의' 등이다.

마틴 루터의 생애와 개혁운동

마틴 루터는 독일의 아이슬레벤(Eisleben)에서 1483년 11월 10일에 출생했다. 고향에서 초등교육을 받았으며(1487~1497), 고등교육은 마그데부르크(1497), 아이제나흐(1498~1501) 학교에서 받았다. 또한 루터는 에어푸르트(Erfurt) 대학에 입학했고, 이 학교에서 문학사(1502)와 문학석사(1505)를 받았다. 그는 아버지 한스(Hans)의 권유로 법과대학에서 연구한 적도 있었다. 그러던 어느 비 오는 날 루터는 한 친구와 들판을 거닐던 중 비를 피하려고 큰 나무 밑에 있다가 그 친구가 자기의 면전에서 벼락을 맞아 죽은 것을 목격했다. 이것이 루터에게는 첫 번째 경험하는 '공포의 순간'이었다. 이 사건은 루터에게 생의 전환점이 되었고, 기독교회의 개혁자로서 직접적인 요인(要因)을 가져왔다고 본다. 그때에 루터는 다음과 같이 기도했다. "오! 안네(Anne)여! 나를 구하소서! 나는 수도사가 되겠나이다!" 그리고 그는 성 어거스틴의 수도원에 1505년 7월 17일에 들어갔다. 루터는 2년 후에 로마 가톨릭 교회의 사제(司祭)가 되었고(1507), 에어푸르트 대학에서 교수를 도와 견습 수도사들을 가르쳤다. 1510년에 루터는 로마 가톨릭 교회의 공적 임무를 띠고 로마를 여행하였다. 그는 스칼라 산타(Scala Santa)의 28계단을 무릎으로 기어올라갈 때 '우리들의 아버지'를 암송하면서 계단마다 입을 맞추었다. 루터는 이것을 연옥에서 영혼이 구출받기를 바라는 심정에서 계속하였다고 한다. 그러나 루터는 고행을 통한 자신의 속죄는 불가능함을 체험으로 알았다. 그 당시의 일기에 루터는 '오! 나의 죄, 죄'라고 썼다. 이때 로마서 1장 17절의 "의인은 믿음으로 살리라"는 말씀이 루터에게 강하게 의미를 주었다. 이에 대하여 역사가 콸벤(Qualben)은 말하기를, 루터의 '탑의 경험'은 기독교회의 개혁의 산모가 되었다고 한다.

그 후 마틴 루터는 요한 슈타우피츠(Johann Staupitz)를 계승하여 비텐베르크(Wittenberg) 대학의 신학교수가 되었다. 그리고 그는 시편, 로마서, 갈라디아, 히브리서, 디도서를 강의했다. 루터는 시편을 강의할 때 비로소 '구원은 하나님과의 새 관계'임을 발견하였다고 했다. 이것은 로마서 1장 17절의 이신칭의(以信稱義)의 교리를 터득했다는 의미이다. 즉 그에게 있어서 지금까지 요한 슈타우피츠, 클레보의 베르나르, 존 타울러의 작품, 스콜라학파의 학자들 그리고 성 어거스틴에게서 구원의 서광을 찾았던 것이 헛수고였고, 오직 믿음으로 말미암은 구속원리를 알았다는 것이다.

한편 로마 가톨릭의 교황 레오 10세(Leo X, 1513~1523)는 로마의 성 베드로 대성당을 속히 완공하기 위하여 '속죄권'(贖罪權)을 발매하여 팔았다. 이것을 독일에서는 마인츠(Meinz)의 대감독 알브레히트(Albrecht of Brandenburg)가 판매 위임을 맡았고 실제의 모집은 요한 테첼(Johann Tetzel, 1465~1519)이 하였다. 그는 말하기를, "지금은 맬 수도 있고 풀 수도 있는 권세를 받은 로마 가톨릭 교회가 천국과 지옥문을 열어놓았다. 이 속죄권을 사는 사람들은 이 자리에서 사함을 받을 것이요, 연옥에 있는 이를 위하여 이 표를 사면 그 은화(銀貨)가 헌금궤에 떨어지는 소리와 같이 그는 곧 천국으로 옮김을 받을 것이다"라고 했다.

요한 테첼은 당시에 웅변가였고, 백성들을 현혹시키는 데 앞장을 섰다. 그리고 많은 속죄권을 팔았다고 한다. 이와 같은 일은 비텐베르크의 로마 가톨릭 교회까지 미치게 되었다.

마틴 루터의 95개 조항과 독일 교회

마틴 루터는 이때에 그들이 비텐베르크의 입성을 반대하고 속죄권(贖罪權)을 매매하는 것을 비판하였다. 그것은 기독교회의 복음의 본질에서 이탈된 행위요, 돈으로 죄를 용서할 수 있다고 하는 것은 비성경적이라고 지적하였다. 루터는 그동안 로마 가톨릭 교회의 속죄권 판매와 그들의 신앙에 대한 면밀한 재고(再考)를 하였다. 그리고 그는 1517년 10월 31일 비텐베르크 교회의 정문(正門)이면서 대학교의 게

시판에 라틴어로 쓴 95개 조항을 붙였다. 이것은 기독교회의 성도들과 백성들을 선동하려는 것보다는 당시의 로마 가톨릭 교회의 지도자들, 학자들, 일반 성도들과 더불어 토의하려는 것이었다. 그러나 루터의 95개 조항은 전 독일과 북유럽의 온 나라에 퍼져 나갔고, 로마 가톨릭 교회의 속죄권 판매는 부진하게 되었다.

우리가 아는 대로 루터의 95개 조항은 어떤 체계화된 신학적 논문이 아니며, 이것은 루터의 신앙적 단편들로서 기독교회의 신앙과 원리에 대한 성경적 단편들이다. 그 중에 몇 가지를 소개한다면 다음과 같다.

1. 우리의 주님이신 주 예수 그리스도께서 "회개하라"(마 4:17)고 말씀하실 때, 그는 신자들의 전 생애가 참회가 되어야 한다는 것을 의미한다.
27. 연보궤 안에 던진 돈이 딸랑 소리를 내자마자 영혼이 연옥에서 벗어나온다고 말하는 것은 인간의 교리를 설교하는 것이다.
62. 교회의 참 보화는 하나님의 영광과 은총의 거룩한 복음이다.
80. 이와 같은 가르침이 사람들 가운데 선포되는 것을 묵인하는 감독과 교구 성직자, 신학자들은 이에 대한 책임을 져야 한다.
86. 또한 오늘날 제일 부자의 재산보다도 더 많은 재산을 가진 교황이 가난한 신자의 돈으로 행하는 대신 차라리 자기의 돈으로 성 베드로 성당쯤은 세울 수 있지 않는가?
88. 또한 교황이 각 성도에게 사면(赦免)과 은총의 참여를 지금 하루에 한 번 주는 것을 만일 하루에 백 번 준다고 한다면 교회는 얼마나 더 큰 축복을 얻게 되겠는가?

95. 이같이 하여 기독교회의 성도로 하여금 위안에 의해서보다 오히려 많은 고난을 통하여 하나님의 나라에 들어가는 데 깊은 신뢰를 가지게 한다.

이상의 조항에서 나타난 대로 루터의 근본 신앙은, 로마 가톨릭의 교황은 죄를 용서할 권세가 없다는 것이요, 더 나아가서는 기독교회의 최종적 권위는 교황의 권위가 아니고 성경의 권위를 말하는 것이었다. 여기에 대해서 로마 가톨릭은 요한 테첼로 하여금 루터의 95개 조항에 대한 반박문을 썼고, 요한 에크(Johann Maier Eck, 1486~1543)로 하여금 더 강경한 반박문(Obelisci)을 내어 루터를 로마 가톨릭의 이단자(異端者)라고 규탄하였다. 로마 가톨릭의 교황 레오 10세(1513~1523)는 1518년 6월에 루터를 로마로 소환하였고 그를 심문하였다. 그러나 결과는 루터로 하여금 더욱 로마 가톨릭의 면죄부와 교황의 권위에 대한 강한 도전과 비판을 하게 하였다.

한편 루터에게는 새로운 동역자가 생겼으니 그가 필립 멜랑톤(Philip Melan-Chthon, 1497~1560)이었다. 그는 1497년 브레텐(Bretten)에서 출생하여, 하이델베르크(Heidelberg)와 튀빙겐(Tubingen)에서 연구하였고, 루터보다는 14살 아래였다. 멜랑톤은 21세에 비텐베르크(Wittenberg)의 교수가 되어, 그리스어와 신학을 가르쳤다. 실로 당대의 젊은 학자로서 루터의 기독교회의 개혁에 참여하였다. 그는 주장하기를, "성경이야말로 모든 기독교회의 회의와 교부들의 주장을 판단할 수 있는 유일한 근거이며 법칙"이라 했다.

이와 같이 루터의 기독교회의 개혁운동은 더 깊게, 더 넓게 많은 동역자(同役者)를 갖게 되었다. 1519년 1월 12일에 황제 막시밀리안

(Maximilian)이 죽고 스페인의 카를(karl) 5세가 즉위하였다. 이런 정치적 혼란의 시기에 루터는 더 구체적인 기독교회 개혁의 절정에 이르는 논문들을 발표하였다. 이신칭의를 천명한「의의 두 종류」(1519), 만인 제사장을 부르짖는「독일 기독교인 귀족에게 보내는 글」(1520년 8월), 로마 가톨릭의 성례전에 관한 전반적인 문제를 비판한「바벨론 포로」(1520년 10월),「그리스도인의 자유에 관하여」(1529년 11월) 등이다.

기독교회의 개혁의 선구자 루터에 의하여 기독교회의 개혁운동은 불길처럼 타올랐다. 여기에 대한 수습책으로 로마 가톨릭의 교황은 직접 간접으로 루터의 개심을 촉구하였으나 루터의 거부로 교황은 그를 로마 가톨릭 교회에서 영원히 추방하는 최후의 파문장(破門狀)을 보내어 루터를 파문, 출교시켰다. 루터는 그에게 전달된 교황의 파문장을 1520년 12월 10일 비텐베르크 대학의 교수와 학생들 그리고 많은 사람들에게 보이며 "너 주의 거룩한 사람들을 괴롭히는 자여, 영원한 불이 너를 소멸시키리라"고 말하였다.

그 후 루터는 1521년 4월 16일 보름스(Worms) 회의에서 로마 가톨릭 교회의 대표자들과 최후의 논의를 하였다. 그러나 이것도 루터의 변함없는 주장 때문에 그들은 목적을 달성하지 못하였다. 반면에 황제는 루터를 체포하여 처형하라고 명령을 하였다. 그러나 루터는 프리드리히(Frederick) 제후의 보호로 그의 바르트부르크(Wartburg) 성에서 은둔생활을 하였다. 그때 그는 그리스어 원문 성경을 직접 독일어로 신약성경을 번역하였다. 이것은 1521년 12월에 시작하여 다음에 3월에 탈고되었다. 그의 동역자 멜랑톤과 다른 친구들의 수정을 거쳐서 1522년 9월에 출판되었으며, 구약의 번역은 그가 비텐베르크에 돌아와서 몇 사람의 동역자와 함께 번역하여 1534년에 마쳤다. 루터가 신약성경을 번역하고 있을 무렵에 멜랑톤은 『신약개론』(Loci Communes Rerum Theologicarum)을 썼다. 이것은 최초로 루터의 신학을 체계화한 것으로, 기독교회의 루터파의 신학 입문서가 되었다. 그 내용은 "모든 권위는 성경에 있으며, 그리스도께서 나를 위하여 죽으심으로 나를 살리신 것을 믿으며 그리고 예전은 세례와 성찬뿐이다"라고 한 것이다.

루터는 1522년 3월 6일 다시 비텐베르크에 돌아왔다. 그리고 멜랑톤, 암스도르프(Nikolaus Von Amsdorf, 1483~1565) 등과 계속적인 기독교회의 개혁운동을 하였다. 그러나 루터의 개혁운동은 1525년부터 오늘의 기독교회의 루터파로 전락하고 말았다. 그것은 에라스무스(Erasmus)를 중심한 인문주의의 반동이다. 그들은 믿음 진리 탐구에서 온다고 주장했다. 또한 기독교회의 극단적인 개혁운동자들은 루터의 온건적인 개혁운동을 반대하였다. 그리고 1524년 5~6월 사이에 일어난 농민반란사건이 있다. 이들은 독일의 남쪽 슈바벤(Swabia)에서 일어나 전 독일에 번진 것으로 그들은 12개 조항의 선언을 제출하였다. 즉 기독교회의 성직자 임명권의 자율화, 교황에 바치는 세금 폐지, 토지 사용의 공평 그리고 소작권 확보 등이었다. 그들은 폭력적인 반란을 일으켰다. 여기에 대해서 루터는 왕후와 귀족에게 무력으로 이것을 진압하게 하였다. 이와 같이 기독교회의 개혁운동에 암초(暗礁)들이 발생하여 루터는 로마 가톨릭 교회의 개혁운동을 일으킨 것으로 끝났다. 루터는 1525년 6월 13일 보라(Katherine Von Bora, 1499~1552)와 결혼을 하였다. 이것은 루터 자신에게는 매우 행복한 가정생활이었으나, 당시의 루터의 개혁운동을 반대하는 자들에게는 비난의 대상이 되기도 했다.

　루터의 개혁운동은 서서히 기독교회의 분열주의로 나타나기 시작했다. 기독교회의 루터파와 로마 가톨릭 교회로 나누어진 것이다. 그리고 여기에는 정치적 개입이 따르기도 했다. 즉 교황과 황제의 타협과 협상 등으로 항상 기독교회는 좌우되었다. 당시의 독일 황제는 1529년 슈파이어(Speier) 회의를 소집하여 루터의 개혁운동에 쐐기를 박았다. 그것은 '로마 가톨릭의 제후 나라에서는 개혁운동을 금하며, 개혁운동의 제후 나라에서도 로마 가톨릭 교회의 활동을 자유롭게 하라'는 것이었다. 여기에 대해서 당시의 기독교회의 개혁운동을 지지하는 제후들이 1529년 4월 19일 항의문(抗議文)을 제출하였다. 여기에서 기독교회의 개혁운동의 속칭이 생겼으니 곧 '프로테스탄트'(Protestant)이다.

　한편 기독교회의 개혁운동의 일치를 위해 루터와 츠빙글리는 1529년 10월 1일부터 11월 5일까지 마르부르크(Marburg)에서 회합을 갖고 마르부르크 신조를 작성하였다. 그러나 그들은 성만찬의 해석 차이로 결렬되고 말았다. 루터는 자기의 신비적인 체험에서 "이것은 나의 살이요, 이것은 나의 피다"를 글자대로 믿고 성만찬의 공존설(共存說)을 주장했고, 츠빙글리는 "이것을 행하여 나를 기념하라"는 말씀을 따라서 성만찬의 상징설(象徵說)을 주장했다.

마틴 루터와 로마 가톨릭의 반개혁운동

　루터의 기독교회의 개혁운동은 로마 가톨릭 교회 안에서 반개혁운동(Counter Reformation)을 불러 일으켰다. 그것은 1540년 이그나티오 로욜라(Ignatio Loyola, 1491~1556)가 '예수회파'(The Society of Jesus)를 조직하여 로마 가톨릭 교회 안에서 개혁운동을 일으킨 것이다. 이와 같이 루터의 개혁운동은 정치, 사회, 경제, 예술 방면에서까지 즉 모든 문화권에 새로운 변형을 주었다. 그는 기독교회의 개혁운동의 총체를 이룩하였다.

독일 기독교회의 개혁자 루터는 1546년 2월 18일, 63세로 그의 고향 아이슬레벤을 방문했다가 갑자기 병을 얻어 세상을 마쳤다.

3. 울리히 츠빙글리와 스위스 개혁운동

개혁 기독교회의 개혁자 츠빙글리(Ulrich Zwingli, 1484~1531)는 루터보다는 개혁운동에 한 걸음 앞섰고, 칼빈(John Calvin)을 위하여 기독교회의 개혁의 길을 활짝 열어놓았다. 그는 어떤 내적인 신앙의 경험에 의해서 개혁운동을 일으킨 것보다는 자신의 인격적인 지적 비판으로부터 개혁운동을 하였다. 그것은 당시의 로마 가톨릭 교회의 신앙적 태도와 그들의 사상적 근저에 흐르고 있는 부패와 교권에 대한 강한 도전이었다.

울리히 츠빙글리의 생애와 개혁운동

울리히 츠빙글리는 1484년 1월 1일 빌트하우스(Wildhaus)의 작은 마을에서 태어났고, 당대의 저명한 학자들에게서 학문적 훈련을 깊이 쌓았다. 츠빙글리는 15세에 베른(Bern)의 하인리히 뷜플린

(Heinrich Wolflin)에게 라틴어를 배웠고, 그 다음 2년 동안은 고전으로 명성이 높은 켈테스(Conrad Celtes)가 있는 비엔나(Vienna) 대학에서 공부하였다. 그리고 1502년에는 바젤(Basel) 대학에 입학하여 토마스 비텐마흐(Thomas Wyttenbach)에게 사숙했고, 그에게서 기독교회의 개혁주의 사상을 크게 힘입었다. 그것은 성경의 유일한 권위, 예수 그리스도의 대속(代贖) 그리고 로마 가톨릭 교황의 속죄권의 무용(無用) 등이다.

츠빙글리는 1506년 글라루스(Glarus)의 목회자가 되었고, 한때는 이탈리아의 지원군과 군목으로 종사하기도 했다. 그는 스위스 지원군의 도덕적 타락을 보고, 그 후부터는 지원군에 대해 반대를 하였다. 여기에서 로마 가톨릭 교회의 교황과 틈이 생겼다. 츠빙글리는 1516년에 그의 목회지를 아인지델른(Einsedeln)으로 옮겼다. 이미 그에게는 기독교회의 개혁운동이 무르익어 갔다. 그리고 1519년에는 취리히(Zurich)로 다시 와서 더 적극적으로 개혁운동에 참여하였다.

일반적으로 츠빙글리가 기독교회의 개혁운동에 전성기를 이룩한 때는 1522년부터이다. 그리고 1523년 1월에 그는 로마 가톨릭 교회에 대한 67개 조항을 발표하였다. 그 내용은 "성경의 권위는 교회에서 얻는 것이 아니며, 구원은 믿음으로만 얻는다. 연옥은 없다. 성자들에게 기도하는 것은 쓸데없다. 그리고 모든 성직자들은 기도하라" 등이다. 그 밖에 츠빙글리는 예배에서 초대 기독교회의 말씀 중심으로 형식을 따랐고, 기독교회의 제도는 가장 민중적인 입헌제도(立憲制度)를 창안했다. 그리고 성례전의 성찬식은 상징설을 주장했다.

그러나 츠빙글리의 기독교회의 개혁운동 역시 온건적인 것이 있다고 하여 소위 재세례파(Anabaptists)들은 봉기를 들었다. 그들은 유아세례에 성경적 근거가 없다고 하여 후에 다시 세례를 받은 무리들이다. 재세례파는 루터의 개혁운동에 반기를 들고 독일의 농민반란을 일으켰다가 실패한 자들이 가담하였는데, 그들은 1527년 2월 24일 슐라트(Schlatt)에서 회의를 열고 자틀러(Michael Sattler)가 그들의 7개 신앙 조항을 발표하였다. 그것은 "우리는 신자의 세례를 믿는다. 교회는 성만찬으로 결합된 신자의 단체이다. 성경은 글자 그대로 믿을 것이다. 그리고 성경은 신자 생활의 새 율법이다. 또한 신자의 정치 참여를 배제하고, 성직자의 임명제를 반대하고 교회의 자율에 맡길 것" 등이다. 그러나 재세례파는 로마 가톨릭 교회, 기독교회의 루터와 스위스 개혁파들로부터 핍박을 받았다.

울리히 츠빙글리의 개혁운동과 스위스

츠빙글리는 재세례파의 도전에도 불구하고 계속 기독교회의 개혁운동을 단행했다. 그리고 1524년 4월에 라인하르트(Anna Reinhard)라는 과부와 결혼하였다. 예배시에는 독일어를 사용했고, 성사, 미사, 성물 등을 폐지했으며, 로마 가톨릭의 수도원의 재산 등을 몰수하였다. 뿐만 아니라 정치적 수완이 탁월하여 기독교회의 개혁운동을 위해서 외국과 동맹(同盟)을 체결(1527년)하기도 했으며, 국내에서는 로마 가톨릭 교회와 싸우다가 개혁자들에게 유리한 카펠(kappel) 강화조약(講和條約)을 1531년에 맺기도 했다. 그러나 얼마 못 가서 다시 전쟁이 일어났으며, 그때에 츠빙글리는 기독교회의 개혁군을 지휘하다가 1513년 10월 11일에 전사하였다.

츠빙글리의 기독교회의 개혁운동은 스위스에서 매우 성공적으로 이끌어갔고, 마쳤다고 보여진다. 그는 강한 의지적인 지적 소유자였고, 정치적 수완이 뛰어났으며 많은 동역자와 후계자들을 얻었다. 베른에서는 할러(Berthold Haller, 1492~1536)와 마이어(Sebastin Meyer), 바젤에서는 외콜람파디우스(Hohann Oecolampadius, 1482~1531), 스트라스부르(Strasburg)에서는 마틴 부처(Martin Butzer, 1491~1551) 등이 계속적으로 개혁운동을 일으켜 성공하였다. 츠빙글리의 후계자는 불링거(Johann Heinrich Bullinger, 1504~1575)이며 그는 1531년 12월 23일에 츠빙글리 기독교회의 개혁의 후계자가 되었다.

4. 존 칼빈과 제네바 개혁신앙

제네바 기독교회의 개혁자 중 최대의 개혁자는 존 칼빈(John Calvin, 1509~1564)이다. 그는 기독교회의 개혁자로서 개혁주의 신앙과 신학을 수립하고, 기독교회의 장로교회(長老教會)를 창설하기도 했다. 그리고 오늘날의 역사적 칼빈주의를 이룩한 인물이다. 이것은 예수 그리스도의 역사를 추종하여 성경으로 돌아가는 신앙과 신학을 의미한다. 존 칼빈의 제네바 기독교회의 개혁운동은 하나의 개혁의 불씨로 일기 시작하여 전 유럽과 세계를 불태우는 개혁운동이 되었다. 이것은 단순히 로마 가톨릭 교회에 대한 개혁운동만은 아니었고 개인과 가정, 사회와 국가의 전반에 걸친 기독교회의 정신문화(精神文化)를 이룩한 개혁이었으며 또한 지금까지 기독교회가 역사적으로 전승되면서 신앙적으로 신학적으로 성경에서 이탈된 모든 것을 성경으로 돌아가게 했고, 성경의 말씀이 예나 지금이나 동일하게 하나님의 택한 백성에게 신앙과 생활의 규범이 되는 기독교회의 개혁이었다. 이것은 성경의 권위, 하나님의 주권 그리고 예수 그리스도의 아가페를 천명한 것이다.

그러므로 칼빈의 개혁운동은 스위스의 제네바에만 국한된 것이 아니요 기독교회의 장로교회에만 미치는 것도 아니며, 오늘날 기독교회의 개혁주의 교회에만 한정된 것도 아니다. 이것은 기독교회의 전체적인 개혁운동인 것이다.

존 칼빈의 생애와 개혁운동

존 칼빈은 1509년 7월 10일 프랑스의 파리에서 동북쪽으로 약 60마일 지점에 있는 피카르디(Picardy), 누아용(Noyon)에서 5형제 중에 둘째로 태어났다. 그의 선친 제라드(Jean Gerard)는 법률가로서 그곳의 감독 서기로 일하며 존경을 받았고, 모친(Jeannla France of Cambrai)은 경건하고 아름다운 기독교인이었다. 칼빈은 이와 같이 행복한 가정환경 속에서 양육을 받아 어린 시절부터 그의 신앙적인 인격 형성은 경건하고 철두철미한 전통적인 신앙을 답습하는 것이었다. 그는 1523년 8월에 파리대학에 입학하여 꼬르디에(Mathurin Cordier, 1479~1564)에게서 라틴어를 배웠고, 철학과 인문과학 등을 공부했다. 칼빈은 선친이 고향의 로마 가톨릭 교회의 감독과 충돌을 하여 그의 전공도 아버지의 의사에 따라서 법학을 택하게 되었다. 그는 1528년 오를레앙(Orleans)과 부르주(Bourges) 대학에서 1년씩 공부하였다. 그때에 저명한 학자였던 멜키오르 볼마르(Melchior Wolmar) 교수에게서 그리스어와 히브리어를 배웠고 독일의 기독교회의 개혁운동에 관한 교육도 받았다.

우리가 아는 대로 당시에 독일에서는 루터를 통한 기독교회의 개혁운동이 한창 일고 있었으며, 츠빙글리에 의해서 독일어가 사용되는 스위스 지역에도 기독교회의 개혁운동이 무르익어가고 있었다. 프랑스에서도 페브르(Jacques Le Fevre, 1455~1536)와 그의 제자 파렐(William Farel, 1489~1565) 등에 의해서 기독교회의 개혁운동이 일고 있었다.

칼빈은 그의 선친이 1531년 봄에 사망하자 파리에서 자기가 원하는 인문학 계통의 연구를 계속했고, 23세 때에 세네카의 『관용론』(De Clomential)을 출판했다. 그는 자신의 회심에 대해 몇 번 묘사했는데, 그중 첫 번째는 그의 시편 주석 서문에서 발견할 수 있다.

"나는 아버지를 기쁘시게 하기 위하여 충실히 이 공부(법학)에 몰두하려 하였으나 하나님께서는 비밀한 섭리로써 다른 길로 나의 방향을 돌리게 하셨다. 먼저 로마 가톨릭 교회의 미신적 신앙에 사라잡혀 있을 때에 하나님께서 나에게 돌연한 회심을 주셨다."

이것은 칼빈에게 역사적 다메섹이었다. 기독교회의 역사가 필립 샤프는 칼빈의 역사적 회심에 대해서 언급하기를, "칼빈은 로마 가톨릭 교회로부터 기독교회의 개혁주의로, 교황주의적인 미신으로부터 개혁주의 신앙으로 그리고 스콜라주의적 전승주의로부터 성경적인 단순성으로 돌아섰다"고 하였다.

칼빈이 더욱 적극적인 기독교회의 개혁운동에 참여하게 된 것은 1533년 11월 1일 그의 친구 콥(Nicholas Cop)의 파리대학의 학장 취임 연설에 기인되었다. 이것은 칼빈이 취임연설의 초안자(草案者)라는 것 때문이다. 그들은 로마 가톨릭 교회로부터 추방을 당했다. 칼빈은 파리의 남방 80마일 지점에 있는 앙굴렘(Angouleme)으로 피신했고, 그곳 틸레(Du tillet)의 집에 유숙했다. 그는 은퇴 목회자로서 많은 장서를 갖고 있었으며 젊은 기독교회의 지도자를 후대했다.

    칼빈은 여기서 한겨울을 보내면서 그동안 구상해왔던 자신이 저서에 대해서 윤곽을 잡았다. 로마 가톨릭 교회의 심한 박해로 그는 스트라스버그를 거쳐 바젤로 1535년 봄에 갔다. 여기서 당시의 26살 된 칼빈의 불후의 명저『기독교 강요』(Institutio Religionis Christianae)를 저술했다. 이것은 라틴어로 썼으며, 이 책의 서문에는 프랑스의 국왕 프랑수아 1세(Fransois I)에게 드리는 글이 있다. 이것은 기독교회의 개혁운동을 하다가 죽은 친구의 신앙적 변증과 변호였다. 본서는 사도신경을 기초로 하여 쓴 것으로 성부 하나님, 성자 하나님, 성령 하나님 그리고 하나님의 교회 등의 구조로 되어 있다. 칼빈은 그의 저서에서 하나님을 아는 지식을 강조했으며, 그것은 오직 성경에서만 알 수 있다고 했다. 그리고 성경은 하나님의 말씀으로서 하나님의 택한 백성에게 유일한 신앙과 생활의 규범인 것을 밝혔다. 또한 아담의 타락으로 모든 인류는 원죄를 가졌으며, 영원한 형벌을 받을 수밖에 없었으나 하나님의 택한 백성은 예수 그리스도의 공로로 구원함을 받는 것을 강조했다. 그리고 이것은 성령께서 하나님의 택한 백성을 삼위일체 하나님께로 인도함을 말했다. 뿐만 아니라 칼빈은 하나님의 교회에 관해서 자세히 언급을 하였다. 하나님의 교회는 하나님의 택한 백성들이 모이는 곳이요, 그들은 예배를 드리며, 이웃을 향하여 예수 그리스도의 사랑을 전하며, 세상의 나라에서 소금과 빛의 직분을 다하는 청지기임을 강조했다. 여기에서 칼빈주의가 형성되었고, 기독교회의 문화권이 이루어진 것이다.

칼빈의 『기독교 강요』는 초판 이후 자신이 계속 개정판을 냈으며, 1541년에는 프랑스어로 출판하기도 했다. 칼빈은 그 후 이탈리아를 방문하고 그의 정착지를 찾아 바젤이나 스트라스부르로 가려고 했다. 그러나 당시의 국가간의 정치적 신앙적 문제로 계속 전쟁을 하고 있어서 그에게는 여행이 어려웠다. 이것은 칼빈에게 기독교회의 개혁운동에 전신을 바칠 계기가 되었다.

존 칼빈의 신앙과 제네바 기독교회의

칼빈은 제네바에서 하룻밤을 쉬어가게 되었다. 그때 그곳에서 기독교회의 개혁운동을 하고 있던 파렐(W. Farel)에게 붙잡히게 되었다. 파렐은 제네바에 머물면서 기독교회의 개혁운동을 하자고 했다. 칼빈은 당시의 상황을 시편 주석의 서문에서 이렇게 밝혔다. "파렐은 기독교회의 개혁운동에 비상한 열심을 갖고 있었으며, 그의 마음은 불타 있었다. 그는 나를 붙잡기 위해 최선을 다했다. 그러나 나는 조용히 학문에 종사하고, 그 일에는 관계하기를 거절하였다. 그때 그는 나에게 하나님께서 나의 조용한 생활과 학문에 전심함을 기뻐하지 않을 것이라"고 했다.

칼빈은 대원로 동역자의 권고에 순종하였다. 그것은 그에게 하나님의 명령으로 들렸기 때문이었다. 그들은 본격적인 개혁운동 방안을 마련하기 시작했다. 칼빈은 파렐의 조력자로서 교회에서 성경을 가르쳤고 성경요리문답을 작성하였다. 그는 그것으로 먼저 제네바 시의 모든 기독교회의 성도들에게 교육을 시킬 목적이었다. 그렇게 하기 위해서는 시의회(市議會)의 통과를 얻어야 했다. 당시 제네바 시는 세

종류의 의회가 있었는데 소의회와 그 아래 이 백인 의회 그리고 시민 총회가 있었다. 소의회는 칼빈의 의회안을 수정하여 통과시켰다. 그러나 그들의 기독교회의 개혁운동은 얼마 못 가서 좌절되었다. 아직 제네바 시가 신앙적인 기반도 없고 정치적 소용돌이 속에 있었기 때문이다. 1538년 4월 23일에 제네바 소의회에서는 파렐과 칼빈을 추방시켰다.

제네바의 기독교회의 개혁운동은 인위적인 권모술수 때문에 일시적으로 중단되었으나, 남은 자들에 의해서 계속적으로 일어났다. 파렐은 뇌샤텔(Neuchatel)로 가서 말년의 목회를 했고, 칼빈은 부처(Butzer)의 초청을 받아 스트라스부르에서 가서 약 3년간 개혁 기독교회의 목회자로 신학교에서 강의를 하면서 지내며 그의 『기독교 강요』를 증보할 뿐 아니라 『로마서 주석』과 『사돌레토 반박문』(Reply to Sadoleto)을 출판하였다. 1540년 8월에 칼빈은 네덜란드에서 피신해 온 기독교회의 과부와 결혼을 하였다. 이 무렵 제네바 시는 시정(市政)이 바뀌고 기독교회의 개혁운동이 고조되었다. 그들은 칼빈을 다시 초청하였다. 그리고 그는 남은 생을 제네바의 기독교회의 개혁운동에 바쳤다.

칼빈은 소의회의 부탁을 받고 자기의 기독교회의법(Ordonnances)을 이백인 의회의 결의를 거쳐서 법률로 정하였다. 그는 사도시대의 교회법과 같이 기독교회의 조직과 제도, 성경 요리문답을 전 제네바 시민에게 교육하고 기독교회의 장로회를 조직하여 제네바의 신앙적 도덕적인 전반 문제를 처리하게 했다. 또한 제네바 시를 하나의 기독교회로 간주하고 신앙과 생활의 원리를 성경중심으로, 철저한 기독교 교육을 통한 정신교육과 기독교인들의 생활자세를 확립하였다. 이것은 일종의 제네바 시의 성시화(聖市化)였다. 다시 말하면 기독교회의 복음의 불변성과 현실성을 조화시킨 예수 그리스도의 지체를 이룩한 것이다.

칼빈의 지도 아래 제네바는 새로운 기독교회의 토양을 일구었다. 그러나 여기에는 잡초들도 생겼다. 그들은 칼빈의 철저한 기독교회의 개혁운동에 반기를 들었다. 그중에 카스텔리오(Sebastian Castellio, 1515~1563)는 성경의 아가서는 옛날의 연가(戀歌)요 예수 그리스도와 기독교와는 관계가 없다고 했다.

칼빈은 비록 그의 동역자였으나 그가 성경을 인본주의적으로 해석하므로 추방하였다. 또 한 사람 볼섹(Jerom Bolsec, ?~1585)은 1551년 10월에 칼빈의 예정성을 반대하였다. 그는 "칼빈의 예정설은 하나님의 은총과 자비에 배치되는 것이요, 하나님을 죄악과 타락의 책임자로 만드는 것이다"라고 했다. 그러나 칼빈과 시의회는 볼섹의 감정적인 반대 이론을 비난하고 그를 제네바 시에서 추방했다. 그리고 종래는 칼빈의 기독교회의 교리를 고수했다. 즉 그들은 삼위일체 하나님께서 하나님의 택한 백성을 만세 전에 택정한 것을 믿었다.

그 밖에도 칼빈의 기독교회의 개혁운동에 심한 상처를 입힌 사람은 미카엘 세르베투스(Michael Servetus, 1519~1553)이다. 그는 스페인 사람으로 철학, 의학 그리고 신학에 정통한 자로서, 1531년 독일에서 『삼위일체론의 오류』(De Trinitatis Erroribus)와 1553년에 『기독교회의 회복』(Restitution of Christianity)이란 책을 썼다. 그리고 제네바에서는 칼빈의 기독교회의 개혁운동 반대파들과 합세하여 칼빈을 추방하려고 애썼다. 그러나 제네바 시의회는 오히려 그를 정죄하고, 1553년 10월 27일 기독교회의 이단자라고 하여 화형에 처했다.

칼빈은 제네바 시를 더욱 기독교회의 개혁의 본산지로 삼고자 기독교교육에 총력을 기울였다. 그는 1559년에 제네바 대학(Geneva Academy)을 세우고 그의 수제자 베자(Theodore Beza, 1519~1605)를 학장으로 임명했다. 뿐만 아니라 칼빈은 제네바 시의 산업구조를 개혁하여 정밀 기계 공업, 견직물 공장 그리고 중공업 방면에 역점을 두었다. 이와 같이 제네바 시는 칼빈의 기독교회의 개혁운동을 통해서 모든 문화에서 예수주의를 심고 예수주의 열매를 많이 맺게 되었다. 그것은 개혁 기독교회 시대뿐만 아니라 오늘날 전 세계의 기독교회에 나타나고 있다.

칼빈은 제네바에서 목회자로서, 신학교의 교수로서, 설교가로서, 저술가로서 죽도록 충성하였다. 그러나 인간에게는 한계성이 있고 능력의 제한성이 있어, 그는 더 많은 분량의 업무를 감당하느라고 육체적 정력을 쏟았다. 하나님께서는 그에게 맡겨진 사명을 완성하시고, 남은 일은 그의 후계자에게 맡기시고 그의 영혼을 불러 가셨다. 그의 나이 55세로 1564년 5월 27일 제네바에서 세상을 떠났다.

5. 존 녹스와 스코틀랜드의 개혁운동

개혁 기독교회의 움직임은 대륙의 유럽에서뿐만 아니라 바다를 건너 스코틀랜드에서도 일어났다. 당시의 스코틀랜드는 오늘날의 대영 제국에 속해 있지 않고 독립 국가로서 있었다. 그리고 프랑스와 긴밀한 유대관계를 맺고 있었다. 그러므로 그곳 역시 로마 가톨릭 교회의 영향이 컸다.

스코틀랜드는 14세기 초기에는 영국에 일시적으로 합병된 일이 있었으나, 영국의 에드워드 1세가 1307년에 죽은 후에, 부르스(Robert Bruce)가 일어나 독립군을 조직하고 영국으로부터 싸워 독립을 하였고 그는 스코틀랜드의 왕위에 올랐다. 그 후부터 스코틀랜드는 영국과 프랑스 사이의 정치적 무대가 되었다. 자연히 스코틀랜드의 기독교회의 개혁운동도 그들의 소용돌이 속에서 끈질기게 진행되었다. 그중에 독일의 비텐베르크에서 수학을 하고 돌아온 해밀턴(Patrick Hamilton, 1504~1528)과 영국과 대륙에서 공부를 했던 위샤트(George Wishart, 1513~1546) 등이 기독교회의 개혁운동의 불길을 던졌다. 그러나 그들은 로마 가톨릭 교회의 탄압으로 화형을 당했다. 당시에 위샤트의 사랑하는 제자가 있었으니, 그가 존 녹스(John Knox, 1514~1572)이다.

존 녹스의 생애와 개혁운동

녹스는 1514년 해딩턴(Haddington)에서 태어났고, 그곳에서 어린 소년 시절을 보냈다. 그리고 세인트앤드루스(St. Andrews) 대학에서 교육을 받은 일이 있으며, 프랑스의 파리에서 유학하여 신학을 공부하기도 했다. 녹스는 1536년에 안수를 받았다. 그리고 기독교회의 개혁운동을 하다가 순교당한 위샤트의 뒤를 이어 세인트앤드루스의 목회자가 되었다.

당시에는 스코틀랜드가 영국과 프랑스의 정치적 놀음에 빠졌으며, 프랑스의 함대가 세인트앤드루스 성을 포격하여 점령하였다. 뿐만 아니라 그들은 기독교회의 개혁운동을 하는 녹스와 그의 추종자들을 붙잡아 노예선의 노예로 복역을 시켰다. 녹스는 19개월간의 고역을 치르고 영국 정부의 주선으로 1549년 봄에 풀려 나오게 되었다.

그 후 그는 영국에서 개혁 기독교회의 복음을 전했고, 1554년 메리가 영국의 왕으로 즉위하자 프랑스를 거쳐 제네바로 갔다. 여기에서 존 칼빈을 만나 개혁 기독교회의 구체적 방향과 신학적 영향을 크게 받았다.

녹스는 스코틀랜드에 1559년 5월 2일에 돌아가서 힘찬 기독교회의 개혁운동을 일으켰다. 그의 메시지에 많은 군중은 도취되었다. 그들은 로마 가톨릭의 수도원을 점령하고 재산 등을 몰수했다. 여기에 당황한 스코틀랜드의 섭정 태후는 프랑스에 군대의 파병을 요청하여 그들을 진압하려고 했다. 그러나 프랑스의 정국 사정으로 지연되어 영국의 군대가 로마 가톨릭의 반란군을 진압했다. 그리고 영국은 프랑스와 1560년 7월에 조약을 맺고, 스코틀랜드에서 프랑스 군은 물러갔다. 또한 영국 군대는 스코틀랜드의 개혁운동을 개혁 기독교회에 일임했다.

존 녹스의 개혁운동과 스코틀랜드

녹스는 1560년 8월에 존 윌록(John Willock), 존 더글라스(John Douglas) 그리고 다른 세 사람 등과 스코틀랜드의 개혁 기독교회를 위해서 『신앙고백서』와 『교회헌법』(First Book of Discipline)을 작성하여 의회에 통과시켰다. 모든 기독교회의 개혁제도를 따른 것이요, 기독교회의 장로교회를 조직하게 된 것이다.

녹스의 개혁 기독교회에 반대하는 세력도 비등하게 나타났다. 프랑스의 왕 프랑수아 2세가 죽자 왕후 메리(Mary)는 스코틀랜드에 귀국하여 스코틀랜드의 여왕이 되었다. 메리 여왕은 철저한 로마 가톨릭 교회의 신앙을 가졌고 갖은 방법으로 로마 가톨릭 세력을 회복하려고 했다. 그러나 녹스는 여왕의 신앙생활과 여왕의 정치적 비행을 비판하면서 로마 가톨릭적 신앙과 생활을 용납하지 않았다. 메리 여왕의 정치적 생명은 짧았다. 그녀는 사촌인 단리(Darnley)경과 결혼하였고, 그가 암살되자 3개월도 못 되어 보스웰(Bothwell) 백작과 재혼하였다. 그러나 이것은 스코틀랜드의 백성을 우롱하는 정치적 기만이었다. 1567년 6월에 메리 여왕은 스코틀랜드의 귀족들에 의하여 쫓겨났고, 영국으로 도망하여 로마 가톨릭파의 세력을 규합하였으나, 1587년 엘리자베스 여왕의 살해 음모죄로 사형되었다.

  녹스는 메리 여왕이 스코틀랜드를 떠난 뒤에도 계속적으로 개혁 기독교회의 내적 충실을 기했다. 그리고 1572년 11월 24일에 에든버러에서 그의 개혁의 사명을 다하고 하나님의 나라로 갔다. 존 녹스는 스코틀랜드의 개혁 기독교회를 위해서 바다의 풍랑도 산의 위험도 무릅쓰고, 영국과 프랑스의 정치적 위협도, 법정의 압력도 그리고 귀족들의 탄압도 오직 개혁신앙으로 극복하였다. 그것은 오직 성경, 신앙 그리고 삼위일체 하나님께 오직 영광을 돌리는 데서 생기는 것이었다.

제6장
근세 기독교회의 신앙과 역사

예수 그리스도로부터 근원된 기독교회의 신앙과 역사는 개혁 기독교회를 통해서 근세 기독교회의 신앙과 역사를 이룩하였다. 일반적으로 근세 기독교회의 시작은 개혁 기독교회와 로마 가톨릭 사이에 약 30년간(1618~1648) 신앙적, 정치적 전쟁이 있은 후, 그들이 1648년 베스트팔렌(Westpalia) 강화조약을 맺은 때부터 프랑스 혁명까지 약 150년간 기독교회의 신앙과 발자취이다.

근세 기독교회는 개혁 기독교회의 신앙과 역사를 계승하여 신앙고백주의(信仰告白主義)를 형성하였다. 그것은 전통적인 기독교회의 신앙을 계승하고 신앙과 신학적 혼란 가운데서 분명한 역사적 기독교회의 신앙을 천명(闡明)하는 데 있다.

우리는 당시의 기독교회에서 영국, 프랑스, 독일, 초기의 미국 등이 기독교회의 신앙과 역사를 수립했다고 간주한다. 그 중에 영국에서는 청교도주의(淸敎徒主義)가 계속 개혁 기독교회의 신앙을 계승하여 나아갔다. 그런데 개혁 기독교회의 신앙과 사상에서 전통적인 신앙을 외면하고 기독교회의 이성주의(異性主義)가 발생했다. 여기에 과학과 철학 그리고 물질문화가 합세하여 합리주의(合理主義)적 사상을 크게 대두시켰다. 자연히 기독교회에도 전통주의와 이성주의로 양분되었다. 그중에 영국에서는 자연신론(Deism), 프랑스에는 유물론(Materialism), 독일에서는 합리주의(Rationalism) 등이 나타났으며, 그들에게서 기독교회의 자유주의 신앙과 신학이 싹트고, 19세기와 20세기의 큰 영향을 끼쳤다.

반면에 근세 기독교회의 신앙과 역사는 대서양을 건너 미국에 새로운 기독교회의 토양(土壤)을 일구었다. 초기 미국 기독교회는 청교도들의 신앙과 신학을 계승하여 역사적 칼빈주의 신앙을 수립하였다. 우리는 근세 기독교회에서 역사적 기독교회의 신앙과 신학의 흐름을 계속 추적하려고 한다.

1. 근세 기독교회의 신앙고백주의와 역사

근세 기독교회는 개혁 기독교회의 개혁자들의 신앙과 신학적 교리들을 계승하였다. 그들은 개혁 기독교회의 신앙고백을 만들었다.

독일 기독교회의 신앙고백

독일 기독교회의 신앙고백 가운데 부처(Martin Bucer)와 츠빙글리의 영향에서 작성된 아우크스부르크 신앙고백(Augsburg Confession,

1530)이 있다. 스위스 개혁주의 기독교회가 루터파와 신앙적 접촉을 시도하는 데서 작성된 것으로, 루터파의 대표적 신앙고백이다. 그리고 스트라스부르(Strassburg), 콘스탄츠(Constance), 메밍엔(Memmingen), 린다우(Lindau) 등 4개 도시의 신앙고백인 「4도시 신앙고백」(Tetrapolitana, 1530년)은 부처와 카피토(Capito)에 의해서 작성되었다. 그들은 비록 루터와 츠빙글리의 영향을 다 같이 받았을지라도 그들의 신앙고백은 루터적인 것이나 츠빙글리적인 것이 되지 않기를 바랐다. 그러나 성만찬(聖晩餐)에 관한 조항은 루터적인 어조로 진술되었다. 즉 "참 몸과 참 피가 진정 영혼의 양식으로 주어진다"는 것이다.

그리고 1563년의 「하이델베르크 요리문답」(The Heidelberg Catechism)이 있다. 이것은 올레비아누스(Olevianus)와 우르시누스(Ursinus)에 의해서 작성되었는데 도르트 회의(Synod of Dort)의 수정판이다. 또한 1645년 「브란덴버그 고백」(The Brandenburg Confession)이 있다. 이와 같이 독일 기독교회의 신앙고백을 작성하여 그들의 신앙원리로 삼았고, 그것들을 교육시켰다. 이것은 기독교회가 개혁 기독교회 개혁자들의 신앙과 역사를 계승한 유일한 방편이기도 한 것이다.

스위스 기독교회의 신앙고백

스위스 기독교회는 신앙고백을 많이 작성하였다. 그중에 1521년에 작성된 「67개조」(The Sixty-Seven Articles)가 있다. 1534년에 미코니우스(Oswald Myconius)에 의해서 「바젤 신앙고백」(Confession of

Basel)이 작성되었는데, 이것은 외콜람파디우스(Oecolampadius)의 진실(眞實)을 더 부가시킨 것이다. 또한 불링거(Bullinger)와 미코니우스 등에 의하여 작성된 1536년의「제1 스위스 신앙고백」(First Helvetic confession)이 있다. 샤프는 말하기를, "스위스의 모든 개혁과 기독교회에 속한 현(縣)들의 신앙을 대표한 최초의 신앙고백"이라고 했다.

이 밖에 스위스 기독교회는 1566년의「제2 스위스 신앙고백」(The Second Helvetic Confession),「1541년의 제네바 요리문답」(The Catechism of Geneva), 1549년의「취리히 공동신앙」(The Consensus of Zurich) 그리고 1675년의「헬베틱 공동신조」(The Helvetic Consen년 Formula) 등이 있다. 스위스 기독교회는 츠빙글리와 존 칼빈의 신앙적 영향으로 더 철저한 성경적 신앙고백들이 많이 작성된 것이다.

프랑스와 오스트리아 기독교회의 신앙고백

프랑스의 기독교회는 1559년「갈리아 신앙고백」(The Callic Confession)과 1872년의「개혁교회 신앙 선언」(The Declaration of Fatith of Reformed Church)이 있다. 이것들은 지금까지 프랑스 기독교회의 개혁주의 신앙을 나타내고 있고, 프랑스 기독교회의 명맥을 유지하고 있는 것이다.

오스트리아의 기독교회는 1535년의「제1 보헤미아 신앙고백」(The 1st Bohemia Confession)과 1575년의「제2 보헤미아 신앙고백」이 있다. 오스트리아는 개혁 전 개혁자 얀 후스의 개혁 신앙이 오스트리아의 기독교회에 깊이 흐르고 있고, 그들의 신앙과 신학을 신앙고백으로 나타낸 것이다.

영국 기독교회의 신앙고백

영국 기독교회의 신앙고백을 잠깐 고찰하려고 한다. 근세 기독교회에서 영국 기독교의 신앙과 역사는 매우 중요한 위치에 있다. 그들은 개혁 기독교회의 신앙을 잘 계승하였고 그것을 신앙고백에 잘 나타내고 있기 때문이다. 1538년의 「13 신앙개조」와 1539년의 「6 신앙 개조」가 있으며, 1549년의 「영국 기독교회 요리문답」(The Catechism of the Church of England)이 있다. 그리고 1552년의 「기도서 요리문답」(The Catechism of Prayer Book)이 있으며, 1563년에 작성된 「39개조 신조」(The Thirty Nine Articles)가 있다. 그리고 1875년의 「개혁 성공회 신앙개조」(The Articles of the Reformed Episcopal Church) 등이 있다. 당시의 영국 기독교회는 철저한 역사적 기독교회의 신앙을 갖고 있었다.

근세 기독교회의 신앙고백주의 가운데 가장 괄목한 기독교회는 스코틀랜드의 신앙고백과 요리문답이다. 1560년의 「스코틀랜드의 신앙고백」(The Scotch Confession of Faith)과 1646년의 「웨스트민스터 신앙고백」(The Westminster Confession) 그리고 1647년의 「웨스트민스터 요리문답」(The Westminster Catechism)이다. 이것은 영국 웨스트민스터에서 개최되었던 기독교회의 대회에서 영국 기독교회의 신앙에 관한 내용을 법규로 제정한 신앙고백이다. 특별히 영국 기독교회의 신앙고백은 당시의 기독교회가 정치적 핍박을 받고 있을 때 역사적 기독교회의 신앙을 계승하고, 개혁주의 기독교회들이 신앙과 신학적 통일을 가지며, 유럽에 있는 개혁주의 기독교회들과 하나의 성경적 교리를 갖기 위하여 작성된 것이다.

「웨스트민스터 신앙고백」과 「요리문답」은 역사적 기독교회의 신앙과 신학을 가장 잘 나타낸 것으로, 지금까지 역사적 칼빈주의 신앙과 신학의 교리이며 신앙생활의 규범이다. 이 신앙고백 가운데 기독교회의 핵심교리인 예정론, 원죄 그리고 구속은 철저한 역사적 칼빈주의 교리이며, 성경의 권위(權威)를 기독교회의 신앙고백과 요리문답의 원천(源泉)으로 삼고 있다. "성경의 권위에 대하여 우리는 그것을 믿고 순종해야 한다. 성경의 권위는 어떤 사람이나 교회의 증언에 의거하는 것이 아니라 진리 자체이시며 저자가 되시는 삼위일체 하나님께 전적으로 매여 있다. 그것은 하나님의 말씀이요, 따라서 우리는 그것을 받아들여야 한다"고 했다. 그 밖에 자유의지(自由意志), 칭의, 교회, 성례, 교회와 국가에 관한 것들 역시 역사적 칼빈주의 신앙을 잘 나타내고 있다. 현재 전통적인 기독교회의 장로교회와 개혁교회들은 「웨스트민스터 신앙고백」을 따르고 있다.

그리고 「웨스트민스터 요리문답」은 대요리문답 196문답과 소요리문답 107문답으로 되어 있다. 이것은 기독교회의 신앙 교육의 제일 교본(敎本)으로 생각된다. 이와 같이 스코틀랜드 기독교회는 철저한 성경 중심의 신앙과 교리를 가졌다.

우리는 근세 기독교회의 신앙과 신학이 신앙고백주의로 나타남을 고찰했다. 여기서 한 가지 발견된 사실은 역사적 기독교회의 신앙고백이 성경관에 있는 것이다. 그들은 예외 없이 신앙과 생활의 규범으로서 성경을 앞세웠고, 여기에 하나님의 절대주권(絶對主權)을 인정했다. 그리고 성경을 개인, 가정, 사회생활의 객관적 규범으로 삼는 신앙고백인 것이다. 이것은 성경이 어느 개인이나 어떤 사상의 중심점보다는 모든 문화의 영역에서 성경으로 창조적 역사를 형성해 나아감을 나타내고 있다.

2. 영국 청교도의 신앙과 역사

근세 기독교회에서 영국 기독교회의 청교도 운동(Puritanism)은 영국과 스코틀랜드와의 정치적 신앙적인 국면(局面)을 나타내는 매우 중요한 기독교회의 역사적 사건이다. 즉 영국 기독교회가 개혁 기독교회의 신앙, 신학 그리고 제도 등을 철저히 하고자 하는 신앙적 혁명이요 또한 기독교회 안에 잠재하고 있는 로마 가톨릭적 불순물을 제거하고 그 미신적 행사를 타파하고 기독교회를 개혁주의로 정화(精華)하려는 운동이다. 여기에서 얻어진 신앙적 명칭이 청교도(淸敎徒)인 것이다. 우리는 영국 기독교회의 청교도 운동을 3단계로 나누어서 고찰하려고 한다.

청교도 운동의 초기 역사

영국 청교도 운동의 초기 역사는 1559년 엘리자베스(Elizabeth) 여왕의 직위로부터 1593년 기독교회의 핍박 때까지이며, 이 청교도 운동은 영국의 정치적 상황과 함수관계(函數關係)를 갖고 있다. 그것을 좀 더 구체적으로 설명하면, 청교도 운동의 기원을 설명하기 위해서는 영국의 에드워드 6세의 시대로 거슬러 올라가야 한다. 당시 기독교회의 지도자인 후퍼(John Hooper, 1495~1555)는 스위스 취리히에 가서 2년간 불링거(Bullinger)에게 감화를 크게 받고, 귀국하여 영국 기독교회 안에 제단을 두는 것을 반대하였고, 1550년 글로스터(Gloucester)의 감독으로 선출되어 임직식 때에 제복(制服)을 입는 것을 거절하기도 했다. 이것은 일종의 영국 기독교회에 대한 개혁이었다.

그러나 영국의 메리 여왕은 그를 투옥시켰고 끝내는 화형을 시켰다.

메리 여왕이 죽고 1556년 엘리자베스가 즉위하였다. 엘리자베스 여왕은 새로운 기독교회의 정책을 수립하여 그동안 영국 왕의 핍박에 피난 갔던 기독교회의 성도들이 유럽 각지에서 돌아왔다. 그러나 엘리자베스 여왕에 의하여 이루어진 기독교회의 정책은 순전히 정치적인 것이었다. 여왕은 로마 가톨릭을 포용하기 위해 기독교회의 예배와 예식을 약식 수정하였다. 실제로는 엘리자베스 여왕은 기독교회의 청교도주의를 싫어했으며, 로마 가톨릭식의 획일적(劃一的)인 제도를 좋아했다. 그리고 강력한 실시를 제창했고, 여기에 위반하는 자들은 엄벌에 처했다.

그러나 당시 기독교회의 청교도주의를 주장한 카트라이트(Thomas Cartwright, 1535~1603)는 여기에 반기를 들었다. 그는 케임브리지 대학을 나온 지적 비판력의 소유자이며 철두철미한 개혁 기독교회의 신앙을 가진 자였다. 카트라이트는 주장하기를 성경은 신앙의 표준일 뿐만 아니라 기독교회의 정치의 표준이며, 성경적 원리의 교회 정치는 개혁 기독교회라고 했다. 그러나 그는 영국 국교회로부터 배척을 당하고 유럽으로 갔다. 거기서 개혁 기독교회의 지도자인 베자(Beza), 츠빙글리 등과 교제를 했고, 1575년에 다시 돌아와서 청교도 운동을 계속했다.

1583년 영국 국교회의 캔터베리 대감독이 된 위트기프트(John Whitgift)는 영국 청교도들을 핍박했고, 15개 조항의 검열 조문을 작성했다. 그리고 소위 기독교회의 신앙재판소(信仰裁判所)를 설치하여 재판관은 대감독을 포함한 3인으로 구성하였다. 이와 같이 영국 국교회가 신앙적 탄압을 하면 할수록 신앙의 자유를 주장하는 백성의 여론은 컸고 기독교회에 청교도들은 더욱 힘을 가세하였다.

청교도 운동의 수난과 발전기 역사

청교도 운동의 수난과 발전기 역사는 영국 국교회의 핍박으로부터 1640년 장기의회(The Long Parliament)까지이다. 영국 엘리자베스 여왕의 오랜 치세는 1603년으로 끝났으며, 여왕이 죽은 후 그의 후사가 없어 스코틀랜드 왕 제임스(James) 6세를 맞아 왕위에 오르게 하였다. 그는 영국의 제임스 1세가 되고, 영국과 스코틀랜드의 두 나라가 서로 통합되었고, 스튜어트(Stuart) 왕가로서 새로 시작되었다.

영국의 제임스 1세는 청교도 운동을 달갑게 여기지 않았다. 그러나 그가 영국에 입성할 때 그를 환영하는 영국 청교도들은 직접 왕에게 청원서(請願書)를 냈다. 그것은 영국 기독교회의 성직자들이 일정한 임지에 거주하지 않고, 자신들의 세력 확장과 야권을 위해 여러 곳의 임지(任地)를 겸하는 것을 금해줄 것과 로마 가톨릭적 의식과 제도를 없이해 줄 것 등이다. 여기에 약 800명의 청교도주의자들이 서명을 했다. 이것을 「천인의 탄원」(Millenary Petition)이라 한다.

1604년 1월 영국의 햄프턴 궁전(Hampton)에서 여기에 관한 논의의 회의를 열었다. 이 회의에는 대감독 9인, 부감독 7인 그리고 청교도 운동의 지도자 4인, 그 밖에 2인이 참석했다. 그중에 감독들은 국왕에게 아첨을 하였고, 회의는 성과 없이 마치게 되었다. 그때 레이놀즈(Reynolds)는 한 가지를 건의하였다. 그것은 성경 개역에 관한 것이다. 이것은 영국 기독교회의 역사상 가장 중요한 것이었고, 영국 기독교회의 청교도 운동의 좋은 결과였다. 영국 기독교회의 성경 개역은 54인의 학자가 임명되고, 그들이 6인조로 나누어서 약 3년간 고생 끝에 1611년에 성경의 「흠정역」(The Authorized Version)을 출판했다. 그 후 영국 기독교회는 새로운 개역 성경을 읽기를 좋아했고, 개혁 기독교회의 신앙은 전 영국인의 생활과 사상 속에 깊이 흐르게 되었다.

1620년 영국의 청교도들은 신앙의 자유를 찾아 '메이플라워'(May Flower)호를 타고 유럽과 신대륙에 이주하였다. 그중에 미국 프리머스에 상륙한 사람들은 뉴잉글랜드(New England)를 개척하였고, 청교도적 기독교회를 세우고 신앙과 생활을 영위하였다.

영국 제임스 1세는 1625년에 죽고, 그 아들 찰스(Charles) 1세가 즉위하였다. 역시 그도 '왕권신권설'(帝王神權說)을 주장하여 국왕과 의회는 자주 충돌하였고, 영국의 국교회는 더욱 청교도들을 핍박했다. 당시에 국교회의 캔터베리 대감독 로드(William Laud, 1573~1645)는 영국 기독교회의 의식을 지나치게 중히 여겼고 제복과 등불 같은 것을 기독교회에 강제로 바치게 하였다. 그리고 이것을 거절하는 개혁 기독교회의 성직자들은 고등법원의 재판을 받게 했다. 영국의 카를 1세는 1629년부터 1640년까지 장기간 의회를 열지 않았다. 이것은 영국 기독교회의 신앙의 자유와 영국국민의 조세(租稅) 권리를 박탈한 것을 의미한다. 하지만 영국은 스코틀랜드와 충돌이 일어나 국왕은 국민의 도움을 청하지 않을 수 없어 의회를 열었다. 그런데 의회에서 가장 큰 세력을 가지고 있는 청교도인 햄프던(Hampden)과 핌(Pym)이 있었다. 그들은 탄핵(彈劾)으로 영국 국교회의 대감독 로드를 국가의 반역죄로 정죄했고 또한 고등법원도 폐지하였다.

청교도 운동의 전성기 역사

영국 청교도 운동의 전성기 역사는 영국 장기 의회부터 찰스 2세가 즉위하기까지이다. 1643년 7월 영국 의회는 의결에 따라서 웨스트민스터(Westminster)에서 기독교회 회의를 열었다. 이 회의의 목적은 새로이 영국 기독교회의 신조, 정치의식을 제정하는 데 있었으며 스코틀랜드, 유럽 등지의 역사적 기독교회와의 신앙적 획일(劃一)을 갖는 데 있었다. 웨스트민스터 회의의 121인은 기독교회의 목사였고, 10인은 귀족, 20인은 영국 의회원이었다. 여기에서 영국 기독교회의 역사적 신앙고백과 요리문답이 작성되어 오늘까지 변함없이 전통적 기독교회의 신앙과 신학을 나타내고 있다. 이것이 곧 「웨스트민스터 신앙고백」(The Westminster Confession)이요, 「요리문답」(Westminster Catechism)이다. 이것은 역사적 칼빈주의 신앙과 신학인 것이다.

한편 영국의 국왕은 군대를 일으켜 의회군을 침략했다. 물론 영국의 의회군은 청교도들이었고 대세는 항상 불리하였다. 그때에 크롬웰(Oliver Cromwell, 1559~1658)은 1640년 케임브리지를 대표하여 역구의 의회원이 되었으며 영국의 국왕이 의회를 침략할 때에 의회군의 기병대장이었다. 크롬웰은 영국 동부 지방의 강건하고 신앙심이 두터운 청교도들을 훈련시켰다. 그들이 소위 '철기병'(The Iron Sides, 鐵騎兵)들이다. 1644년 7월의 '무어(Marston Moor) 싸움'에서 크롬웰은 크게 승리했고, 이듬해 다시 네이즈비(Naseby)의 전쟁에서 승리하였다. 그리고 1648년 프레스턴(Preston)에서 영국의 국왕군을 쳐부수고 최후의 승리를 거두었다. 영국 찰스 1세는 1649년에 스코틀랜드에서 항복하고, 마침내 영국 의회에 압송되어 처형되었다.

크롬웰은 스코틀랜드를 다시 합병하였고, 1652년에 영국 공화국의 통령(統領)이 되었다. 당시에 영국 청교도들은 신앙의 자유를 가졌다. 그 후 그의 아들이 크롬웰(Richard Cromwell)의 위(位)를 계승하였다. 그러나 그의 무능력으로 영국 의회는 1660년에 찰스 2세를 왕으로 삼았다. 이때부터 다시 영국은 제왕복고(帝王復古)가 되었고, 영국 청교도들은 수난을 겪었다.

이상으로 근세 기독교회에서 영국 기독교회의 청교도운동의 역사를 살펴보았다. 여기서 발견된 역사적 사건은 영국 국교회는 로마 가톨릭적 신앙과 제도를 답습하였고, 영국 개혁 기독교회는 여기에 도전하였다. 이와 같이 신앙적 싸움은 항상 정치적 배경을 갖게 되었고, 국왕과 의회, 국교회와 개혁 교회 등의 수레바퀴에서 영국 기독교회는 전통적 신앙을 계승했고, 유럽과 미국에 전파하기까지 했다.

3. 근세 기독교회의 이성주의의 발흥과 영향

기독교회의 역사에서 헬레니즘은 각 시대, 지역 그리고 모든 문화권 영역에 깊이 뿌리를 박고 자랐다. 특히 근세 기독교회에서 전통적인 기독교회의 신앙과 교리에 대하여 전면적인 도전과 전복을 시도한 이성주의(理性主義)가 일어났다. 그들은 근세 기독교회의 자유주의를 낳았고, 현대 기독교회의 급진적 자유주의의 어머니가 되었다. 그 중에 영국에 초연신론(Deism), 프랑스의 유물로(Materialism) 그리고 독일의 합리주의(Rationalism) 등이 있다. 우리는 그것들을 순서에 따라서 간단히 고찰하려고 한다.

영국의 초연신론(超然神論)

우리가 아는 대로 17세기의 영국 기독교회는 신앙고백적 논쟁이 심하게 있었고, 기독교회의 성도들 사이에는 신앙적 신학적 차이점을 정당화하기 위하여 편협적인 성경의 인용과 해석을 일삼았다. 또한 기독교회의 지도자들이 정치적 권력을 등에 업고 자기들의 지나친 권리 주장을 내세웠다. 뿐만 아니라 그들은 신앙과 정치의 자유에서 멀리 이탈하여 제왕권(帝王權)의 폭군적 신앙에서 이성적 신앙으로, 계시적 신앙에서 자연적 신앙으로 탈바꿈을 했다. 그들의 목적은 기독교회가 일부층에 국한되어 있고, 마치 특수 사회의 소유물처럼 되어 있는 것에 대하여 모든 사람이 인정할 수 있는 기독교회로 바꾸는 데 있었다. 그들은 당시의 기독교회가 교회적인 신앙이 크게 형성되어 있음을 알고, 새로운 신앙적 인식의 이론은 경험론적 감각주의를 채택하였다.

그리고 이성주의 기독교회의 실질적인 면에서는 신앙적 도덕주의에 치중하였다. 이와 같은 경향은 고대 스토아학파의 자연법에서 기인되었고, 그들은 초자연주의를 비판하였다. 이러한 비판은 이성주의 기독교회의 종교철학을 낳게 되었는데, 이 철학의 목표는 과학적인 사고와 조화되는 종교, 초자연적인 것과 내세에 대한 특별한 관심에서 자유와 해방된 기독교회를 이룩한 것이다. 그리고 그와 동시에 모든 기독교회의 신앙고백적 차이가 역사적 상황의 자연적인 다양한 양상이라고 간주할 수 있는 기독교회를 이룩하는 데 있다.

근세 기독교회에서 초연신론(超然神論)은 세계를 창조한 신이 세계 안에 내재하지 않고 초월해 있어서 세계는 저절로 운행되도록 내버

려두었다는 사상을 의미한다. 이것은 그들이 뉴튼적 우주관에 인한 것이요, 하나님에 대하여 세계를 불변적인 기계적 질서에 따라 운행하게 하는 법칙을 세운 인격적인 제일원인(第一原因)이라는 개념으로 생각한다. 영국에서 초연신론 사상은 찰스 1세 치하에서 일어났고, 정치적 소용돌이 속에서 크게 자랐다. 그것은 정치적 사건들에 의해서 촉진된 합리적 정신의 산물이었고, 전체를 포용하는 절대적 전체 정부로부터 개체의 점차적 해방과 자유를 평행하는 가운데 있는 것이다.

이와 같은 사상적 배경은 베이컨(Francis Bacon, 1561~1626)의 경험론(經驗論)에 있다. 그는 자연과학의 구체적인 사물들을 감각적 경험에 의해서 관찰하였다. 베이컨은 믿을 만한 진리 발견의 방법을 탐구함에 있어서 어떤 원리나 가설이 실제적 경험과 일치된 것이 아니면 그러한 일반적 원리에서 연역(演繹)은 있을 수 없다고 했고, 모든 사고가 귀납적으로 도달된 경험 위에 세워져야 한다고 주장하였다.

스피노자(Spinoza, 1632~1677)의 범신론(汎神論)도 있다. 그는 계시종교의 주제는 확실성을 기할 수 없으며, 신앙의 근본적 원리는 자연적 종교 안에서 발견된다고 했다. 그리고 성경의 역사적 해석의 필요성을 강조하기도 했다. 즉 가정된 편집자의 특징으로 보아서 모세오경과 역사서는 모두 한 사람의 역사가에 의하여 편집되었고, 그 역사가는 아마도 에스라일 것이며, 그중에서도 신명기 책이 최초로 편집되었다고 했다. 이것은 성경의 역사성을 도외시하는 것밖에 다른 것은 없다.

홉스(Thomas Hobbes, 1583~1679)의 국가론(國家論)도 있다. 그는 영국의 청교도 운동 이후 영국 사회와 국가 붕괴를 보고 현대적인 절대 군주정치의 이론을 수립하였다. 즉 어떤 사회나 국가는 한 통치자에 의해서 혼돈에서 조직과 안정 상태를 수립해야 한다는 것이다. 이것은 인간의 이성과 자기보존(自己保存) 의식에서 유래된 것이다. 홉스는 영혼의 본질과 인간의 자연적 능력에 작용하는 신적 은총의 감화와 신적으로 계시된 운명으로부터 받아야 할 자극 등에 관한 성경과 기독교회의 모든 가르침을 외면하였다. 그것은 윤리적 행동의 법칙을 마음의 자연적 기능과 그러한 기능의 내재적 심리학적 분석에서 찾기 때문이다. 그러나 홉스의 철학적 윤리는 물질적 세계에 대한 기계론적 개념에 불과한 것이다.

다음으로 허버트(Lord Herbert of Cherbury, 1582~1648) 경의 초연신론 5대 강령이다. 그는 말하기를 참된 종교의 요건은 그 보편성에 있다고 하였다. 어떤 종족이거나 모든 인간에게는 공통된 종교적 개념이 있다는 것이다. 여기에서 종교의 본질을 발견하게 되며, 참된 종교의 근거는 자연적 본능 즉 직관적으로 지각되는 진리에 있다고 했다. 허버트 경은 모든 종교에 공통되어 있는 진리를 다섯 가지로 천명했다. 하나님의 존재, 하나님을 예배할 의무, 하나님께 대한 예배의 실천적 성경, 죄를 회개하고 그것을 버릴 의무 그리고 현세와 내세의 신적 보응 등이다. 이것을 초연신론의 5대 강령이라고 한다. 그는 자연 혹은 이성의 종교를 인간의 본능에서 찾고, 주관적 이성을 종교적 진리의 원리로 제시하였다.

우리는 이상에서 영국의 초연신론을 고찰하였다. 그들은 인간의 이성을 계시의 표준으로 삼았고, 성경의 말씀이 인간의 영혼에 주는 평안과 복됨을 이해하지 못하였다. 또한 초연신론의 배경이 된 당시의 철학 사상들은 기독교회의 계시를 자연화하려고 한 것이다.

프랑스의 유물주의(唯物主義)

17세기 이후 기독교회의 이성주의는 전통적인 기독교회의 신앙과 신학에 도전을 하였고, 프랑스 기독교회에서도 마찬가지였다. 프랑스의 유물주의(Materialism) 형성은 이성주의자들에 의해서였다. 그중에 몽테뉴(Michel de Montaigne, 1533~1592)의 회의론이 있다. 그는 루이 14세가 정치적으로 당시의 로마 가톨릭을 악용하는 것을 보고 힐난했다. 즉 기독교회를 가리켜서 논쟁과 전쟁의 소란과 편협과 모든 악덕을 조성하는 것이라고 비난하였다. 그리고 "내가 무엇을 알고 있는가? 그것이 어떠한 중요성을 가지고 있는가?" 하는 회의론을 가졌다. 몽테뉴는 기독교회를 포기하게 하고, 인간의 이성을 집착하게 하였다. 이와 같은 사상은 당시의 프랑스의 일부 지식층에 호응을 주었다.

프랑스 기독교회에서 가장 치명적인 이성주의를 부르짖은 사람은 볼테르(Voltaire, 1694~1788)의 무신론(無神論)이다. 그는 영국을 방문하여 체류하는 동안(1726~1729) 영국의 초연신론 사상에 감염되었고, 기독교회를 단순한 도덕성과 이성적인 형이상학으로 전락시켰다. 그리고 그는 지독한 조롱으로 기독교회를 비난했다. 볼테르는 여러 종교들 사이에는 서로 관련성과 유사성이 있다고 생각하여 기독교회를 다른 이방 종교들과 동등한 관계에 두었다. 그리고 유대교와 기독교회의 좁은 범위에 비하여 이방 종교의 세계는 광범위하다고 했고, 기독교회의 역사는 짧은 데 비하여 인류의 역사는 오래다는 것을 말하였다. 그가 기독교회에 퍼부은 독설은 다음과 같다.

"모세는 기민한 정치가였고, 예언자들은 힌두교의 탁발승(托鉢僧)과 같은 광신자들이거나 그렇지 않으면 간질병자들이다."

"예수 그리스도는 한 선한 사람이었으나 자기 민족적이고 광신적이었다."

"그의 제자들은 예수 그리스도에게 기만당한 기만자들, 거짓 증거하는 자들, 속이는 자들이다."

또한 프랑스의 기독교회 안에 유물론주의(唯物論主義)가 싹트기 시작했는데 그들은 콘딜락(Etienne de Condillac, 1715~1780), 라메트리(Julien de La Mettrie, 1709~1751), 루소(Jean Jacques Rousseau, 1712~1778) 등이다. 콘딜락은 모든 마음의 활동을 외적 지각으로부터 연역하였고, 개개인의 모든 생활 기독교회의 계시 등을 감각으로부터 연역하였다. 후에 그는 유물론주의로 빠졌다. 라 메트리는 주장하기를 "인간의 마음은 신체적 기관의 한 기능이며, 단순히 두뇌의 한 작용에 불과한 것이다. 인간의 두뇌와 동물의 두뇌와의 유일한 차이점은 그 발전 과정이며, 인간의 마음은 두뇌와 함께 소멸되는 것이기 때문에 영혼 불면은 있을 수 없다"고 했다. 그리고 모든 생명과 운동, 감성의 원리는 물질(物質)에 있기 때문에 우리는 우주를 지배하는 신적 마음에 대해서 말할 수 없다고 하였다.

라 메트리는 유물주의에 근거해서 윤리학의 원리를 세웠고, 인생의 목적은 행복에 있다고 했다. 그는 기독교회의 회개와 양심의 고통에 대해서 언급하기를, 이것은 인생의 행복을 방해하는 것이라고 단정했다. 그리고 무신론은 이러한 행복을 실현하기 위해서 필요하다고 했다.

홀바흐(Paul Heinrich Dietrich Von Holbach, 1723~1789)는 한 걸음 더 나아가서 "존재하는 모든 것은 물질뿐이다"라고 하였다. 그는 생각하기를, 원시적인 시대의 종교는 공포와 소망 그리고 자연의 모든 법칙에 대한 무지에게 생겨났고, 종교의 여러 상이한 형태들은 이기주의와 야심에 사로잡혔거나 혹은 병적인 열광주의에 이끌린 능란한 사회적 지도자들에 의해서 발전된 것이라고 했다. 다시 말하면, 자연적인 것을 인격화시키고, 심지어는 형이상학과 기독교회의 신학을 이룩했다고 하였다.

루소는 '자연으로 돌아가자'라는 구호 아래서 새로운 유물론주의를 제창했다. 그의 사상은 그의 저서 『에밀』(Emile)과 『사회 계약론』(Contract Social, 1762)에 잘 나타난다. 루소는 주장하기를, 인간 사회는 본래 사람들이 어린아이로 행복하게 살던 자연이라는 낙원에서 시작하였다고 했다. 그러므로 인간의 구원은 자연으로 돌아가는 것이라고 하였다. 그에게 자연은 특수한 초자연적 실증적 현상과 대조되는 우주적 질서에 있어서의 보편성(普遍性)이나 합리성(合理性)을 의미하는 것이 아니라 원시적 단순성과 숙고된 반성을 의미하는 것이었다. 이와 같은 루소의 자연종교(自然宗敎)는 기독교회의 계시종교(啓示宗敎)와는 상이한 것이다.

우리는 터너(W. Turner)교수가 지적하듯 루소를 제외하고는 프랑스의 유물주의자들은 빈약한 것임을 알 수 있으며, 프랑스의 유물론주의가 18세기 이후 기독교회에서 유럽의 자유주의를 낳았고 개혁 기독교회의 신앙에 부정적 입장을 갖게 하였음을 안다. 이와 같은 경향은 프로시아(Prussia)의 프리드리히 대왕(Frederick the Great), 오스트리아(Austria)의 요제프 2세(Joseph II) 그리고 미국의 페인(Thomas Paine)과 잉거솔(Robert Ingersoll) 등에 잘 나타났다.

독일의 합리주의(合理主義)

근세 기독교회의 이성주의 발흥 가운데 합리주의 영향은 전체 기독교회에 크게 끼쳤다. 여기에서 합리주의는 독일 기독교회 이전에 있었음을 잊어서는 안된다. 즉 고대 기독교회의 모나르키아니즘(Monarchianism), 그노스티시즘(Gnosticism), 중세 기독교의 스코투스주의(Duns Scotuism) 그리고 개혁 기독교의 사회주의(Socianianism) 등이다.

독일 기독교회의 합리주의는 이성과 계시의 올바른 관계를 신학적으로 시도한 것이다. 이성과 계시는 기독교회의 평행선으로서 그들의 접촉점은 어느 한쪽이 다른 한쪽으로 항상 치우치게 되었다. 그래서 18세기에는 기독교회의 초자연주의(Supernaturalism)가 발전하였다. 그들은 여러 가지 합리적 방법으로 계시 종교의 중요한 내용들의 가능성과 필연성과 실재성을 증명해보려고 노력하였다. 이것은 성경의 진리 자체이지만 성경의 가르침이 무엇이냐 하는 데 관해서는 이성이 가장 중요한 안내자라는 것을 시사한다.

독일 기독교회의 초자연주의는 알미니안주의이며, 구원의 방법에 있어서는 펠라기우스주의적 원리를 제창한 것으로 결국 합리주의와 초자연주의를 침식한 것이다. 그중에 라이프니츠(Gottfired W. Leibniz, 1646~1716)의 초월적 합리주의(Superrationalism)가 있다. 그는 신의 존재가 이성에 의해서 실제로 증명될 수 있다고 주장하였다. 그가 말하는 신은 최고 원자(原子)로서 모든 원자의 창조자라고 하였다. 그가 인간과 자연 그리고 우주의 창조자라고 했다. 그는 기독교회의 예수 그리스도는 하나의 위대한 예언자요, 기독교회는 하나의 자연종교로 보았다.

또 한 사람 볼프(Christian Wolf, 1679~1754)는 칸트(Immanuel Kant, 1724~1804) 이전의 초기 기독교회의 합리주의자이다. 그는 라이프니츠의 사상을 답습하였고, 그것을 더 알기 쉽게 일반에게 적용하였다. 볼프는 인격적인 하나님과 영혼불멸(靈魂不滅)의 신앙에 대한 합리적 증명을 체계화하였다. 그는 현세와 내세의 행복을 가져오는 실제적이고 현실적인 도덕성의 필요성을 역설하였고, 이성을 초월하는 기독교회의 계시는 자연종교와 조화되어야 하며 그럴 때에 참 의미가 있다고 했다.

이와 같은 사상이 점차 크게 대두되어 기독교회의 초자연적 계시의 교리는 약화되었으며, 자연종교의 내용과 동일시되게 되었다. 가령 라이마루스(Hermann S. Reimarus, 1693~1768)는 레싱(Lessing)에 의하여 출판된 「볼펜뷔텔 단편」(Wolfenbuttel Fragments)에서 기독교회의 역사적 사건과 성경의 계시를 비판하였다. 그는 예수 그리스도에 대한 비평에서 예수 그리스도의 교훈과 그의 제자들의 가르침을 구별했다. 예수 그리스도는 하나님의 나라가 가까웠으니 회개하라는 메시지였다. 그리고 이 세상에서 하나님의 나라를 세우려고 하였으나, 그가 십자가에 죽임을 당하므로 좌절되었다고 했다. 제자들은 여기에서 새로운 신앙적 돌파구를 찾았는데 그것은 예수 그리스도의 부활이었다고 했다. 이것은 예수 그리스도의 아름다운 도덕을 계속 유지하는 것이요, 결국 예수 그리스도의 역사적 부활을 믿지 못하게 하는 데 있었다.

다음으로 칸트의 영향은 기독교회의 합리주의(合理主義)에 결정적 누를 끼쳤다. 그는 1724년 4월 22일에 독일의 쾨니히스베르크

(Konigsberg)에서 출생했고, 그곳에서 교육을 받았다. 그리고 1755년 쾨니히스베르크 대학의 강사였고 그 후 1770년에 칸트는 논리학과 형이상학의 정교수가 되었다. 그는 1781년에 『순수이성비판』과 1788년 『실천이성비판』을 썼다. 여기에서 우리는 칸트의 이성주의에서 주지주의 사상을 발견할 수 있고, 그가 라이프니츠(Leibnitz)와 볼프의 영향을 받은 것과 흄(Humm)의 사상적 감화가 큰 것을 알 수 있다.

칸트는 『순수이성비판』에서 모든 인식에는 밖에서 공급하는 요소와 안에서 공급하는 요소가 있으며, 시간과 공간은 지금까지 사람들이 생각한 것처럼 객관적으로 실재(實在)하는 것이 아니고 우리가 실재를 인식할 수 있는 주관의 형식에 불과하다고 했다. 그리고 이런 형식, 즉 범주(範疇)의 틀에 맞추어서 우리의 정신은 현상세계(現像世界)를 창조한다고 했다. 뿐만 아니라 그는 우리의 주관(主觀)을 떠난 실체(實體), 즉 물건 자체는 존재하지만 이것은 경험의 범주 밖에 속하기 때문에 우리는 그것을 알 수 있는 도리가 없다고 했다. 신, 우주, 영혼은 우리의 관념을 하나에로 이끄는 원리이지만 그것들이 실재하는 것인지 어떤 성질인 것인지는 알 수 없다고 썼다. 이와 같이 칸트의 합리주의는 전통적인 기독교회의 유신론(有神論)을 파괴하였다.

다음으로 칸트는 『실천이성비판』에서 신을 도덕의 근본적인 전체로서 말하였다. 즉 실천이성의 요청에 의한 신(神)을 주장한 것이다. 여기에서 기독교회의 하나님은 인간의 윤리적 의무를 이행하게 하는 존재자(存在者)로 생각했다. 그러므로 기독교회의 영적인 신비주의 경험이나 인간의 구원, 그 밖의 교리들을 인식할 수 없다고 했다. 이와 같이 칸트는 그의 사상적 바탕을 외계(外界)에서 내계(內界)로, 즉 초월에서 자아(自我)로, 계시에서 이성으로 이끌어왔으며, 모든 지식의 설 자리를 자아의 경험에서 구하였다. 칸트의 합리주의적 주지주의는 슐라이어마허(Schleiermacher)로부터 리츨(Ritschl)에 이르기까지 큰 영향을 주었다. 그러나 칸트의 기독교회의 본질을 도덕 혹은 윤리에 한정한 요청으로 보는 것은 잘못이었다.

우리는 이상으로 근세 기독교회의 이성주의 발흥과 그 영향을 영국, 프랑스, 독일을 중심으로 고찰하였다. 여기에서 전통적 기독교회와 이성주의 사이에서 기독교회의 이단종파들이 발생하였고, 기독교회의 자유주의가 크게 싹트기 시작하였다.

4. 근세 기독교회의 이단종파들과 역사

근세 기독교회에는 역사적 기독교회와 이성주의 발흥으로 신앙적, 신학적 논쟁과 혼란을 초래하였고 자연히 이단종파들이 생겼다. 영국의 폭스(George Fox, 1642~1691)에 의한 퀘이커파(Quakers), 스웨덴의 스웨덴보리(Emanuel Swedenborg, 1688~1772)에 의한 스웨덴보리주의(Swedenborgism) 그리고 독일의 진젠르프프(Nocolaus Ludwig Graf Von Zinzendorf, 1700~1760)에 의한 모라비안(Moravian Brethren)파 등이다.

폭스의 퀘이커파 역사

근세 기독교회에서는 각종 비성경적 신비주의가 발생하였다. 그들은 역사적 기독교회에 대한 신앙적 회의와 이성주의적 기독교회에 대한 불만으로 자기들의 독립적 집단을 형성하게 되었다. 그중에 영국에서는 폭스에 의하여 퀘이커파가 조직되었다. 폭스는 레스터셔(Leicestershire)에서 출생했고, 정상적인 학교 교육은 받지 못했다. 그는 19세에 정신적 갈등에 사로잡혀 있었고, 자기의 인생 문제와 세상의 이치를 깨닫고자 각지로 돌아다니면서 가르침을 찾았다. 그러나 그는 배우면 배울수록 번뇌와 고민, 슬픔과 비통은 더했고 갖가지 유혹에 시달리게 되었다고 한다. 그 후 1646년에 신적 영감을 받고 마음의 평안을 얻었다고 하며, 빛과 진리의 계시 곧 '광명의 원리'를 터득했다고 한다.

이때부터 폭스는 자신의 깨달음을 전파하기 시작했다. 그는 1649년 노팅엄(Nottingham) 교회에서 예배를 드리는 중에 청중석에서 일어나 성경을 이해하고 진리를 깨닫기 위해서는 위로부터 오는 빛을 받아야 한다고 했다. 그러나 그는 예배 방해와 공중도덕을 혼란케 하였다는 이유로 투옥되었다. 그 후 폭스는 계속 자신의 원리를 영국, 스코틀랜드, 네덜란드, 미국 등지에 포교를 하고 추종자들을 포섭하였다. 그 중에 펜(William Pen, 1644~1718)과 바클레이(Robert Barclay, 1648~1690)를 얻었다. 펜은 1667년 폭스의 설교에 크게 감동을 받고 그의 추종자가 되었다. 그는 런던에서 태어났고, 그 집안은 스튜어트 왕가(王家)에 충성을 하여 총애를 받고 있었다. 펜은 젊었을 때부터 퀘이커파를 추종했고 미국 펜실베이니아(Pennsylvania)의 퀘이커파 조직자가 되기도 했다. 바클레이는 퀘이커파의 학자로서, 10살 때 프랑스에 가서 공부를 했고, 그 후 스코틀랜드에 돌아와서 퀘이커파를 추종하였다. 그는 많은 저서를 썼다. 그 중에 퀘이커파의 『신앙고백과 요리문답』(A Catechism and Confession of Faith, 1673), 『참 기독교신학의 변증』(An Apology of the True Christian Divinity, 1678) 등이 있다.

그들은 퀘이커파의 원리를 내적인 광명에 두었고, 이것은 신적 계시를 받을 때 각자에게서 일어나며 이때에 성경의 뜻을 이해한다고 했다. 뿐만 아니라 내적 광명의 계시는 성경의 진리를 보충하여준다고 했다. 퀘이커파에 의하면 예수 그리스도는 마음속으로 믿고 그와 더불어 신비적인 합일(合一)이 이루어질 때에 신앙적 의미를 갖는다고 했다.

또한 퀘이커파는 산상보훈(山上寶訓)을 문자적으로 지키며 전쟁을 반대하고 맹세도 하지 않는다. 그들은 성례전도 없고, 성직 제도도 없다. 그들의 예배는 어떤 순서가 없고, 회중 가운데 누구든지 신적 계시를 받은 자가 기도하며, 간증하며, 그들의 찬송을 부른다. 만일 예배 시에 영감을 받은 자가 없으면 묵상으로 마치기도 한다. 그들 가운데 기도하는 자와 가운데서 떠는 사람이 많아 그들의 별명적 명칭이 퀘이커(Quaker)가 된 것이다.

퀘이커파는 기독교회의 극단적인 신비주의에 빠진 단체로 볼 수 있으며, 신적 계시의 계속성을 주장하고, 전통적 기독교회에 대해서는 배타적인 것을 볼 수 있다. 퀘이커파는 기독교회의 독립단체로서 기독교회의 이단종파인 것이다.

스웨덴보리의 스웨덴보리주의와 원리

근세 기독교회에서는 이성주의의 발흥으로 모든 문화의 영역에서 계몽주의가 일기 시작했다. 자연히 전통적인 기독교회 역시 여러 방면으로 도전을 받게 되었다. 스웨덴의 과학자요, 철학자요, 정치가인 스웨덴보리(Emanuel Swedenborg, 1688~1722)는 새로운 기독교회의 독립 단체인 스웨덴보리주의를 창설했다. 그는 1688년 스웨덴의 스톡홀름(Stockholm)에서 출생했다. 아버지는 루터교회의 목사였으며, 웁살라 대학의 교수로, 매우 날카로운 비판자였다. 스웨덴보리는 이와 같이 상류층의 기독교회의 가정에서 자라게 되었다. 그는 어릴 때부터 비범한 지혜를 가졌고, 각 분야의 학문을 배웠으며, 특히 물리학, 수학, 자연과학에 조예가 깊었다. 그는 웁살라 대학을 졸업하고 유럽의 여러 나라들을 여행하였다.

그 후 그는 귀국하여 과학 연구에 전념하였으며, 국왕 찰스 12세는 그를 광산국의 고문으로 임명하였다. 그의 직책은 채광 및 제련의 방법을 연구하는 것이었다. 그러나 스웨덴보리는 과학적인 실험과 탐구에서 한 걸음 더 나아가 자연(自然)에 대한 가장 심오한 비밀까지도 발견하기 원했다. 그것은 자연의 신비에서 느끼는 고차원적 세계였다. 그는 당대의 유명한 설교자인 조나단 에드워드(Jonathan Edward, 1703~1758)의 외침에 신앙적 회의를 품기 시작했다고 한다. 그것은 하나님의 나라와 지옥 그리고 인간의 생명 문제 등에 관한 것이었다. 만일 영광스러운 하나님의 나라가 있고 영원한 형벌의 지옥이 존재하며 그리고 인간의 생명이란 한갓 유한적인 실존이라면, '지금까지 배워온 자신의 지식은 무슨 소용이 있으며, 자신의 삶이 무엇인가?'라고 자문자답(自問自答)을 하였다. 그 후부터 스웨덴보리는 자연과학 분야에서부터 이성적인 철학 세계로 연구 분야를 전향하기 시작하였고 1724년 웁살라 대학의 교수 청빙도 거절하였다고 한다.

우리는 스웨덴보리의 사상적 배경 가운데, 그가 신플라톤주의의 영향을 받은 것을 알 수 있다. 신플라톤주의는 이원론(二元論)으로 신(神)과 물질(物質)세계는 무한한 평행선을 갖는 것으로 본다. 그는 사유성(思惟性)을 가진 정신적 본체와 연장설을 가진 물질적 본체는 서로 관계가 없이 존재하여 세계를 구성한다고 생각하였다. 그는 정신과 영혼의 본질을 해부학적으로 더욱 깊이 고찰하였고, 이 연구를 위해서 두 번째 해외여행을 갔었다. 스웨덴보리는 만 3년 동안 파리, 베네치아, 로마 등지에서 연구를 했고, 그 후부터 전통적인 기독교회의 교리들을 부인하기 시작했다. 가령 성경의 창조에 대한 문자적 해석은 과학적 사실과 모순된다고 하여 성경적 사실을 부인하였다. 그는 주장하기를, 창세기의 창조는 인간 영혼의 비유에 지나지 않은 고대 설화(說話)라고 하였으며 예수 그리스도의 성육신(成肉身)도 사고불능(思考不能)한 것이라고 하였다.

스웨덴보리는 54세에 생애의 일대 전환기를 가졌다. 자연과학에서 신플라톤주의로, 여기에서 광적인 신비주의로 전락한 것이다. 다시 말하면 접신주의자(接神主義者)가 된 것이다. 스웨덴보리는 어느 날 밤에 신의 음성을 들었다고 한다. "어느 날 밤 어떠한 분이 내게 와서 나는 주 하나님 이 세상 창조주 및 구세주라 하며, 나는 성경의 영적 의의를 인간에게 설명하여 주기 위하여 너를 택하였노라" 했다는 것이다. 이것이 동기가 되어 그가 쓴 『천국과 지옥』은 스웨덴보리주의의 중요한 원리가 되었다.

스웨덴보리주의를 한마디로 비판한다면, 정신계의 사실과 법칙을 신접(神接)으로 터득하였고, 그것을 신적 계시로서 성경의 권위 위에 두었고, 전통적 기독교회의 교리들을 부인하고 성경을 재해석하려고 했다. 이것은 17세기 이성주의의 발흥으로 생긴 하나의 일시적 현상으로서 스웨덴보리는 여기에 편승한 것이다. 그러나 하나님의 계시는 예수 그리스도를 통한 은총과 신앙으로 하나님의 택한 백성에게 주어진 것이다. 결코 스웨덴보리처럼 자연 과학, 사변적 철학 또는 접신적 자아의 초월로써 구원의 문제를 해결할 수 없다.

현재 스웨덴보리주의는 영국, 미국, 스웨덴, 아시아 지역에 포교를 하고 있다. 그들은 1783년 12월 5일에 영국 런던에서 기독교회의 독립단체로서 활동을 시작했고, 1787년에는 그들의 원리와 제도를 만들어 조직적인 기독교회 운동을 하였다. 미국에서는 1817년에 스웨덴보리 대회를 가졌으며, 지금은 스웨덴보리주의의 모체적 역할을 하고 있다. 우리나라에서는 '새 예루살렘 교회' 혹은 '새 교회'라는 명칭으로 서울과 광주(光州)를 중심으로 포교를 하고 있다.

진젠도르프의 모라비안파와 역사

근세 기독교회에서 하나의 신앙적 맹점은 기독교회의 복음의 불변성(不變性)을 강조한 나머지 기독교회의 교리 면에만 치중한 것이다. 자연히 기독교회는 영적 생활의 빈곤이 깃들게 되었고, 특별히 루터 교회의 틀에 박힌 성경 해석에서 스콜라주의만 풍겼다. 여기에서 독일의 경건주의(Pietism)가 일어났는데, 그들은 기독교회의 신앙적 정열과 내적 체험을 중히 여겼다. 독일의 경건주의 운동은 일종의 신비주의이다. 우리는 이와 같은 경건주의 운동이 아른트(Johann Arndt, 1555~1621), 안드레(Valentin Anderae, 1586~1654), 슈페너(Philip Jacob Spener, 1635~1705) 등에 의해서 전개된 것을 안다. 특히 슈페너는 독일의 금욕주의와 신비주의자 아른트의 『진정한 기독교』와 청교도의 신앙적 저서들을 탐독하고 경건주의에 큰 관심을 가졌다. 그는 스트라스부르 대학에서 공부하면서 성경을 독자적으로 연구했고, 회심의 신앙적 체험을 하였다고 한다. 슈페너는 1670년 '경건한 자들의 모임'(Collegia Pietatis)이라는 경건주의 단체를 조직하여 "성경으로 돌아가라, 신자의 생활은 지식보다 경건이다. 성직자들은 인격적인 교양을 쌓아라. 기독교회는 신학적인 지식 전달이 아니다. 오히려 생활이다"라고 하였다. 그는 1686년에서 1691년까지 드레스덴(Dresden)에서 목회자로 일을 했다. 그러나 슈페너는 당시의 기독교회로부터 이단(異端)이라고 비판을 받았다. 그의 독선적이고 강한 기독교회에 대한 도전, 심한 금욕주의, 성경의 교리 등을 도외시한 경건주의 등을 이유로 기독교회는 그를 정죄하였다.

슈페너의 경건주의를 제창한 사람 중에 프랑케(A. H. Francke, 1663~1727)가 있다. 그는 뤼베크(Lubeck)에서 출생하였고, 라이프치히 대학에서 교육을 받았다. 여기에서 '성경 연구단'을 조직하여 성경을 과학적으로 연구하기 시작했다. 그는 중생의 체험을 가진 후에 더욱더 경건주의 운동에 가담하였다. 프랑케는 슈페너의 부름을 받고 베를린에 갔으며, 그와 더불어 경건주의 운동을 전개했다. 그는 할레 대학의 교수가 되었고, 독일을 경건주의 중심지로 만들려고 했다.

이와 같이 독일의 경건주의는 루터교회 안에서 발생했고 기독교회의 교리보다는 생활에 치중한 독립단체였다. 그중에 진젠도르프의 모라비안파는 경건주의 운동의 대표적인 주자다. 그들은 '동포교단'(Unitas Fratrum)이라 하였고, 진젠도르프의 지도 아래서 형성되었다. 모라비안파는 보헤미아에서 로마 가톨릭의 핍박을 당하고 독일로 망명하여 온 얀 후스의 일파들이다. 그들은 다비드(Christian David 1691~1751)에 의해서 1772년 이후 색슨으로 이주하였고, 진젠도르프 백작은 이곳을 헤른후트(Herrnhut)라 한 후 하나의 집단 마을을 형성하여 살았다.

진젠도르프는 1727년부터 모라비안파의 지도자로서 활약을 하였고, 수도원 생활주의를 모방하여 엄격한 경건주의를 시도했으며, 극기, 근면의 생활을 장려하였다. 진젠도르프는 주장하기를, "나의 신학은 보혈의 신학이며, 나의 단체는 십자가의 교회이다"라고 했다. 그러나 그의 주장은 법도에 지나쳤고, 성경을 자기의 나름대로, 자기들의 단체에 알맞게 합리적으로 해석을 하였다. 가령 예수 그리스도의 은혜는 십자가의 실재적인 피라고 했다.

1736년에 진젠도르프와 모라비안파는 가정과 사회 그리고 기독교회의 질서를 파괴하고 어지럽게 한다고 하여 색슨에서 추방당하였다. 그들은 독일의 서부 지역으로 가서 포교를 했고, 유럽 지역, 영국, 서인도제도 그리고 미국에까지 포교를 하였다. 1741년에 미국의 뉴욕에 갔고, 펜실베이니아에 베들레헴 촌을 설립하고, 미국 경건주의의 중심지로 삼았다. 1742년 이후 모라비안파는 기독교회에서 이탈하여 독자적인 행정과 제도를 가졌다. 진젠도르프는 1760년에 죽었고, 스파겐베르크(August G. Spagenberg, 1704~1792)가 그의 후계자가 되었다. 현재 모라비안파는 독일, 영국, 미국 등에서 명맥을 유지하고 있고, 10년마다 대회를 개최한다. 우리가 잘 아는 대로 모라비안의 감화를 받은 영국의 웨슬리와 독일의 슐라이어마허가 있다.